湛庐CHEERS

与最聪明的人共同进化

HERE COMES EVERYBODY

远见 2

如何营造健康职场 提升公司效率

DYING FOR A PAYCHECK

[美] 杰弗瑞·菲佛 著
JEFFREY PFEFFER

王培 译

浙江教育出版社 · 杭州

序 言

工作的真相

你不在煤矿、油井、化工厂或建筑工地工作，也可能会面临有毒的、有损健康的工作环境。在当今职场，白领与体力劳动者或蓝领一样有压力，一样不健康，前者通常更严重。这是因为工作中的物理危险因素在很大程度上已被美国职业安全与卫生署（Occupational safety and Heath Administration，简称 OSHA）以及其他国家的类似机构消除了。如今，各国十分重视诸如高空坠物、化学物泄漏之类的职场意外死亡事故，而这些人身伤害也很容易得到查证，这与企业开展生产质量活动的情况类似，即检查什么、测量什么以及报告什么，人们就会重视什么。结果便是：1970—2015 年，美国职场死亡率下降了 65%，而工伤率下降了约 72%。[1]

但是，工作压力并没有出现在美国职业安全与卫生署的报告中，也没有得到相应的干预，就好像它并不存在，或者已经被人们视为当代职场中不可避免的现象，于是几乎所有工种的压力都变得越来越大，导致员工在身心方面付出了更大代价。比如，健康网站“网络医学博士”（WebMD）的报告称，工作是人们的头号压力来源。[2] 美国心理学会（American Psychological Association）2015 年发表了《美国人的压力》[3]（*Stress in America*）一文，其中提到，人们最大的两种压力来自金钱和工作，有将近 1/4 的成年人表示自己承受着极大的压力。另一项针对近 3 000 人的调查发现，将近 50% 的人表示自己曾因工作压力太大而耽误了工作时间，有 61% 的人表示职场压力曾让他们的身体出了毛病，有 7% 的人表示他们曾因职场压力及其对生理的影响而住院。[4]

总体统计数据已然令人不安，而个体的经历则更令人震惊。我与一名高级财务人员有过交谈，她在一家快速成长的医疗服务机构工作，面对的工作要求特别严苛，经常通宵加班，工作压力使得她开始服用兴奋剂，然后又服用极易获得的可卡因；面对持续的工作压力和上司的辱骂行为，她还借酒麻木自己。虽然她最终成功戒掉了由工作压力导致的酒瘾等，但已令她心力交瘁，并耗费了她大量的财力，当然，她也因此离开了这家“有毒”的公司。

我在做采访时还听说过一个故事：有一个对企业忠心耿耿的电视新闻制片人，愿意在没有提前得到通知的情况下在任何时间到全球任何地方进行采访。这个制片人在很短的时间内就长胖了 27 公斤，因为他没有时间吃得足够健康，更没有时间锻炼。无情的工作要求威胁着他的婚姻以及他与孩子的关系，同时也威胁着他的身心健康。

我还和一个获得了员工赔偿金的人有过交谈，他曾在南加州爱迪生电力公司工作，超负荷的工作让他患上了创伤后应激障碍（PTSD），最终他因病离开了公司。他当时遇到了无情的压力：公司员工太少，工作量太大，上司总是要求他完成不可能完成的工作量。

这类故事数不胜数，员工、雇主和社会付出的代价实在太大了。比如，美国职业压力协会（American Institute of Stress）一再表示，工作压力让美国企业每年要付出超过 3 000 亿美元的代价。[5] 职场压力对健康的负面影响反过来又会降低工作效率，致使员工主动离职率升高。一项调查发现，将近 50% 的受访者表示，“曾经为了逃避压力而换工作”。[6] 不健康的职场环境让美国医疗系统每年付出近 2 000 亿美元的代价，甚至有可能更多。

西班牙 IESE 商学院教授努丽娅・钦奇拉（Nuria Chinchilla）曾贴切地把这些现象称为“社会污染物”，遗憾的是，情况似乎变得越来越糟，而不是越来越好。也许这一现象最可悲的地方在于：一方面，对于采取会导致员工生病甚至死亡的管理模式，各种组织哪怕不鼓励，也通常是允许的；另一方面，这些组织本身也是受害者，因为有害的管理模式和不健康的职场环境无助于改善企业利润率或绩效表现。不健康的职场环境降低了员工敬业度，提高了员工流失率，损害了工作绩效，同时还增加了企业支付的医保和医疗成本。很多企业推行的管理模式既不符合员工利益，也不符合企业自身利益，这其实是一个双输的局面。

即便是那些号称注重环保的企业，其员工也遭受了不必要的伤害和痛苦。具有讽刺意味的是，企业设计了一套详尽的指标来跟踪它们在自然环境可持续发展上的进展，却几乎没考虑过企业对员工可持续发展的影响。虽然自然环境可持续发展问题很重要，但创造员工可持续发展的工作环境同样重要。企业应该营造一种让员工有幸福感、有助于员工身心健康的职场环境，在这样的环境下，员工可以为企业效力很多年，而不会觉得职场的管理模式让自己筋疲力尽甚至生病。我们应该像关注企业行为对自然环境的影响那样关注员工福祉，而不应该仅仅关注濒临灭绝的物种或很适合拍照的北极熊。就像企业已经在关注碳排放问题一样，它们也可以在关注员工福祉方面做得更好。不要忘了，员工也是一种碳基生命，而且为企业效力。

要想使职场福祉和员工身心健康方面有所改善，人们就需要做一些事情。首先，现在和未来的员工必须明白，他们所在的职场环境有哪些健康风险，包括如今比生理健康风险更普遍、更危险的心理健康风险。有了这样的认知，接下来员工必须至少部分基于对工作压力的考量来选择雇主，因为工作压力会极大地影响员工的身心健康。

其次，企业需要知道如何评估有害的管理行为对自身产生的负面影响，包括付出直接的医疗成本，以及间接导致的员工工作效率降低和离职率提高等代价。**量化有害职场环境让企业所付出的代价是采取变革行动的第一步，也是必要的一步。**

再次，各级政府需要先意识到外部性问题并做出评估，然后采取措施加以解决。这里所谓的外部性问题是指，企业本应该为在职场中身心受到损害的员工承担责任，但它们往往会将其甩给各种公共健康和福利机构来承担。私营企业中的职场压力和不健康的工作环境会产生公共成本，这一现象已经引起了英国和北欧很多国家政府的关注，并促使这些国家采取了相应的行动，部分原因在于，这些国家是由政府提供医疗服务的，所以政府有经济动机来减少不必要的医疗成本，包括减少由工作压力造成的可预防的医疗支出。

最后，社会需要掀起一场甚至多场社会运动，才能使员工可持续发展和改善员工工作环境变得像自然环境可持续发展和保护自然环境那样重要。几十年前，企业经常将污染物排放到空气、水源和地表中。后来，人们决心保护自然环境，让企业为它们造成的污染破坏付出代价，而且人们达成共识，认为实现这一社会目标是有价值的。由于有环境保护运动，有广泛的宣传，有政治压力，所以全球各国政府都通过了相关法律，制定了相关规则，限制了很多污染环境的行为。同样，整个社会也应采取类似措施，更加重视人类生命和员工身心健康。人们不仅要重视生命的婴儿期和衰亡期，还要重视整个生命周期，包括员工的职场生活，如此一来，社会也将从员工可持续发展运动中受益。

几个不同但又相互关联的事件促使我进入了职场及其对员工健康的影响这个研究领域，并最终将相关研究成果写进了本书。

首先，关于狼性企业文化对工作效率和其他维度的组织绩效[7]的影响，我和我的同事已经在这个课题上开展了几十年的研究和教学，但几乎没能带来什么积极变化。尽管这个领域有很多著作出版，其中也包括我自己[8]的，但职场环境却变得越来越糟，员工的工作积极性和满意度降低了，对企业领导者的信任也减少了。[9]在解决员工健康与企业利润的关系问题上，相关的著作、文章和讨论似乎都无法改变管理决策或组织行为，那么什么能带来改变呢？

我在参加翰威特人力资源领导者顾问委员会[①]前，曾效力于斯坦福大学

① Hewitt Human Capital Leadership Council，该委员会由诸多大型企业的人力资源高管组成，当时翰威特公司还没和怡安（Aon）公司合并。——编者注

教职工人力资源委员会，我不禁注意到一些事。相关人士的讨论常常聚焦于医疗成本，企业也痴迷于、专注于削减这方面的开支。这使我脑海中闪过一个念头：能够带来更高员工忠诚度、满意度和更佳绩效表现的很多管理模式，比如让员工有工作安全感和决策自主权等，也许能营造更健康的职场环境。若果真如此，也许员工健康和医疗成本就能成为一种杠杆因素，让企业更多采用那些被长期倡导却很少被采用的工作机制和管理模式，尤其是在遭遇经济衰退时。用时髦的术语来讲，如果企业和国家愿意在职场健康方面“改变成本曲线”，那么改变职场环境也许是最应该投入关注和努力的事情。

其次，当我在前文提到的各种委员会开会时，人们开口闭口总是“成本”和“资源”，尤其是在谈论员工时，这令我感到震惊。这里仅举一例。由于经济衰退始于 2007—2008 年，斯坦福大学裁掉了四五百名教职工[10]，在 21 世纪的头十年，学校规定，当面临预算赤字[11]时，学校不会为教职工加薪，尽管学校拥有巨额捐款。在那段时间，有一天我开车穿过校园，看到很多树苗被放在花盆里等待栽种。大约十多年前，校园里的斯坦福家族陵墓附近一棵有 300 年历史的大橡树快要死了，这件事在校内得到了广泛报道和关注。这棵树“深得人们呵护，深受人们喜爱”，人们花了很大的力气来挽救它。[12] 几年后，加州帕洛阿尔托的报纸上有一条新闻引起了人们的广泛关注：足球场附近的一棵橡树因为无法被救活而被砍掉，与此同时，人们用六棵新树取代了它。[13] 看到这一切，我对几位朋友说道，在斯坦福大学，宁当一棵树也不当教师。在很多企业中，树木或园林的待遇比员工还好。

人们用以描述世界的语言可以说明很多问题。在谈论职场人士时，我们通常会用诸如“人力资源”和“人力资本”之类的术语，在描述工资和健康福祉时，“雇员”和“医疗服务”之后经常跟着“成本”这个词。几年前，独立发电公司美国爱依斯电力公司的联合创始人丹尼斯·巴基（Dennis Bakke）告诉我，他反对我在一本书中所使用的副标题——“以人为本可以创造利润”。[14] 巴基认为，把员工放第一位不应仅仅出于对利润或成本的考量，员工作为人、作为生命体，对其福利和福祉的考量理应在管理决策中获得一定的优先权，而这种优先权与对利润和成本的考量无关。

人们需要改变商业世界中的常规用语。福祉和身心健康应该在对话和政策中成为更瞩目的焦点。市值 25 亿美元的家族式制造企业贝瑞-威米勒（Barry-Wehmiller）的首席执行官鲍勃·查普曼（Bob Chapman）常常说：企业领导者有责任照顾好员工的生活，来企业工作的员工在家里的角色可能是丈夫、妻子、儿子或女儿，无论哪种角色，都会得到家人的关爱。领导者应该确保每天下班时，他们的员工能以良好的状态回到家里，准备好在工作之余享受美满的生活。

再次，在美国和其他国家的政治话语中，“反堕胎”政策这个话题一直被人们如火如荼地持续讨论着，但这些争论以及与此有关的法律、财政预算和监管政策却很少考虑职场人士的福祉问题。事实上，工作占据了职场人士生命中的大多数时间。如果人们真的认为人类的生命和福祉神圣且重要，那么，人们有伦理道德上的理由来关心职场人士的健康和福祉，并充分了解这个问题的方方面面，如它是如何受职场环境影响的。

当钦奇拉邀请我参加她组织的一场探讨工作与家庭问题的会议时，我脑海中已经有了这些想法。钦奇拉为我介绍了“社会污染”这一概念，并且评论说，真正“难以忽视的真相”[15] 不仅包括自然环境的破坏，还包括社会环境的退化，而在某种程度上，企业也正是在退化的社会环境下运转的。虽然这场会议最终没能召开，但我提交的论文发表在一本学术期刊上。在那篇文章中，我开始探讨职场和员工健康问题，并就员工可持续发展提出了一些初步看法。[16] 自那以后，我从访谈和流行病学数据中获得了信息，并与我那些研究运筹学的优秀同事展开了合作，他们帮助我估算了有害职场环境的总体影响。本书代表了我从这些工作中得到的见解。

我可以用几句话总结这些见解。职场对员工的健康和生命有着极大的影响，很多职场环境对员工的健康是有害的，员工真的在为赚钱透支健康。最重要的是，现状比我想象的更糟糕，涉及无数工种、行业和地域，覆盖了不同的年龄段和受教育程度的人群。我从研究中学到的东西和我在研究中遇到的人点燃了我的激情，让我承诺把这些数据和故事公之于大众。我这样做的目的是希望书中的内容能促成一些重要且可行的变革，从而阻止发生在全球职场中的心理和生理“谋杀”。

简而言之，职场环境至关重要。它对员工的工作投入度、满意度、离职意向和绩效表现有重大影响，组织行为学领域有大量的研究文献证明了这一点。职场环境对员工的身心健康和福祉有重大影响。因此，如果人们真的关心员工的生活和可持续发展，关心成本和工作效率，就需要关注职场环境及其影响。

你公司的职场环境有利于提高效率吗？

扫码鉴别正版图书
获取您的专属福利

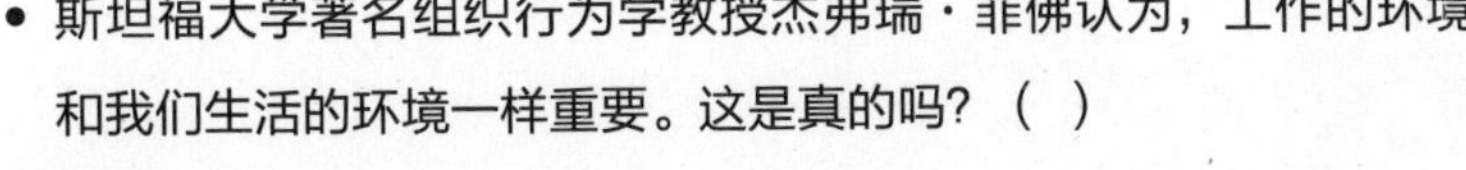

- 斯坦福大学著名组织行为学教授杰弗瑞·菲佛认为，工作的环境和我们生活的环境一样重要。这是真的吗？（ ）

  A. 真

  B. 假

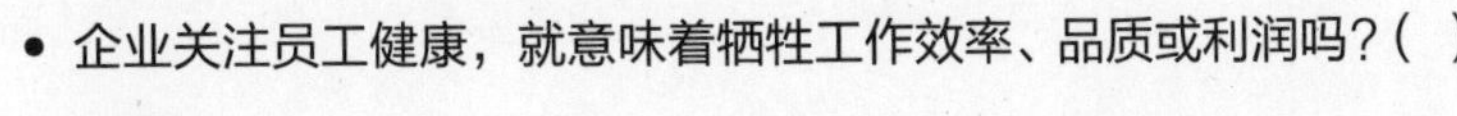

- 企业关注员工健康，就意味着牺牲工作效率、品质或利润吗？（ ）

  A. 是

  B. 否

扫码获取全部测试题及答案，
看看你公司的职场环境
有利于提高效率吗

- 下面哪种做法对营造健康的职场环境有利？（ ）

  A. 任意裁员

  B. 有意忽视员工福祉

  C. 关注员工的可持续发展

  D. 要求员工随时待命和轮班工作

目 录

第二部分
损害员工健康、影响企业效率的 3 大因素

DYING FOR A PAYCHECK

第一部分

重新认识职场，
重新认识工作

DYING FOR A PAYCHECK

第1章

当职场压力
开始摧毁员工健康

"根据梅奥医学中心[①]的报告，就你的健康而言，你在工作单位的汇报对象比你的家庭医生更重要。"

——鲍勃·查普曼

贝瑞-威米勒公司首席执行官

《每个人都很重要》(*Everybody Matters*)一书的作者

工作是压力的罪魁祸首

新闻标题和数据足以说明下面这个故事的悲惨：2016 年 8 月，优步公司一名年收入 17 万美元的软件工程师约瑟夫·托马斯（Joseph Thomas）饮弹自尽。他的父亲和妻子将原因归咎于工作压力。"他长时间工作……觉得压力巨大，并且害怕失去工作……他几乎没了自信……他总是说，他什么事都

① Mayo Clinic，创立于 1863 年，是美国规模最大、设备最先进的综合性医学集团，在医学教育、医学研究和诊所治疗方面享有全球盛誉。——译者注

做不好。”[1]托马斯先生的遭遇并非个例。优步员工将发生在自己身上的“急性焦虑发作、滥用药物、抑郁和住院治疗”[2]等现象都归咎于工作压力。

工作压力及其对员工健康的影响在很多地方都不缺少案例。2008 年 1 月至 2010 年春天，法国电信公司至少有 46 名员工自杀。[3]知情人士把原因归咎于成本削减和公司重组。2010 年 1 月至 5 月，富士康有 9 名员工自杀，另外还有 2 名员工自杀未遂，受了伤。[4]根据员工的说法，自杀的原因可能要归咎于富士康恶劣的工作环境。

美银美林银行 21 岁的实习生莫里茨·埃哈特（Moritz Erhardt），在连续工作 72 小时（3 天）之后，身体崩溃，猝死于伦敦。验尸报告称，埃哈特死于“可能是由压力和疲劳引起的癫痫发作”。[5]日本的和民居食屋（Watami Food Service）“被指控导致一名入职仅两个月的女性员工自杀……该员工每月加班超过 140 小时”。[6]在印度，由于农业生产遇到严重经济问题，“债务上升，导致农民对经济和生活感到绝望”，2007—2009 年有将近 20 万个农民自杀。[7]

工作压力导致的恶果出现在不同国家、不同工种和各层组织中。芝加哥的一名通勤列车主管因涉嫌在未经批准的情况下用公费支付私人度假开支而接受调查，最终卧轨自杀。马里兰州的一名律师发现自己即将失去工作，于是饮弹自尽。2008 年，严重的经济衰退导致员工不安感和压力上升，使得美国职场自杀人数创下历史新高。[8]

工作环境中还有一些重要因素会给员工造成巨大的压力，包括低工资、换岗以及失去工作掌控感。比如，低工资产生的压力在于，员工不得不以很少的收入维持生存，入不敷出也使得员工无法接受医疗服务。毋庸置疑，大量研究发现，低工资会导致肥胖、焦虑、抑郁、高血压和婴儿出生体重偏轻等健康问题。[9]

虽然很多具有危害性的工作主要影响的是底层员工，但专业人士和企业高管也很难避免恶劣的工作环境对健康和福利的不良影响。比如，“瑞士电信公司 49 岁的首席执行官卡斯滕·施洛特（Carsten Schloter）长期受到 7×24 小时随时待命工作的困扰，苏黎世保险集团 53 岁的首席财务官皮埃尔·沃蒂耶（Pierre Wauthier）长期与公司的首席执行官有严重冲突”，这两名高管都在 2013 年身亡，疑似自杀。[10]

有些员工身处恶劣的工作环境时会生病甚至死亡，有些员工面对有害的工作环境则会选择自杀，还有些员工在面对巨大的工作压力时会杀人。2017 年 6 月，被房车遮阳篷和其他配件制造商菲亚玛公司（Fiamma）解雇的前员工来到公司，有预谋地跟踪并杀害了 5 名员工，然后自杀。[11] 这类案例并不鲜见。1986 年，一名邮递员杀害了 14 名同事，另外还造成 6 名同事受伤。这一事件还产生了一个新的俚语——“工作失心疯”（going postal）。[12]

2013 年，美国有 397 人在工作中被谋杀，这一数据相比于 2012 年报道的 475 人有所减少。1992—2010 年，大约有 1.4 万人成为职场谋杀的牺牲者。[13] 在工作场合被杀害的员工数量“比火灾、爆炸、被卷入设备或机器以及暴露于有毒的工作场所造成的死亡数量的总和还多”。[14] 当然，谋杀是最严重和最极端的职场暴力手段。美国职业安全与卫生署预测，每年约有 200 万名员工成为职场暴力的受害者，而很多案例并未见诸公开报道。显然，职场暴力已经成为一种严重的健康威胁。

职场人士，尤其是受过良好教育、具有专业技能的员工，经常会为自己应对工作压力的方式感到惊讶。来自南非、自称“正在康复中的银行员工”写信给我，说他“从公司的仓鼠轮上掉下来”，患了严重的抑郁症，而在获取两个商学院学位以及参加无数领导力培训项目的过程中，他都没能为应对这种状况做好准备。整个经历让他感到惊讶：

> 我以前无知而傲慢地认为，抑郁不会发生在“成功”人士身上，他们有很好的工作，居住在富人云集的郊区，开着旅行车，等等。在身心崩溃后，我再也无法重返职场，但作为康复过程的一部分，我开始攻读应用心理学硕士学位，设计了压力综合征调查表，并写了一本与自身经历有关的书。来自 2 500 个白领的数据表明，从症候学的角度来说，我们调查的所有机构都显示出了足以影响所有核心业务领域的症候水平。

与上述案例类似，赛富时公司（Salesforce）一名拥有名校商科学位的员工告诉我，在以管理者的身份加入该公司后，她很快就不得不服用抗抑郁药来应对工作压力。这些年来，她一直依靠精神疗法、职场导师、偶尔的周末闲暇、配偶的支持以及按摩来适应工作环境。在这一环境中，她随时会面临如下压力：不同的上司提出不同的要求、长时间工作，以及工作失误或政治上站错队随时有可能导致被解雇。

就像很多在高科技领域工作的“成功”人士那样，她对自己的工作和生活没有多少掌控力。在怀上第一个孩子好几个月后的某个星期四，她得知自己必须放弃参加星期六的朋友聚会，乘坐飞机前往巴黎，并确保在星期日到达，以便参加星期一的一个会议。这只是不断改变的时间安排和工作要求使她觉得对生活没有掌控力的例子之一。她缓解工作压力的方式很昂贵，每个月需要给心理治疗师、个人职场导师和其他人支付超过2 000美元的总费用。不幸中的万幸是她和丈夫都受过良好教育，都有一份薪水不错的工作，因此负担得起这些费用。然而，大多数薪酬很低的员工又该如何应对类似的职场压力呢？

即便是目前还在《福布斯》杂志最佳雇主榜单上的赛富时公司内部，这类的员工遭遇也并不罕见。她的一个同事刚生完小孩，理应休产假，但这只是表面上拥有的权利。在生完小孩后不到两星期，她的同事就返回了工作岗位，因为这个同事被要求在公司举办的一场重大活动中发表主旨演讲。她返回工作岗位的做法还被当作一种奖赏：“你在这场重要且关注度极高的会议上扮演着重要角色，你应该为自己被委以重任而感到高兴，并且绝不要错过在公司领导和诸多参会者面前表现自己的机会。”这句话的潜在含义就是：你怎么能把照顾孩子置于工作之前呢？

上述案例中的两人都考虑过离职。她们的案例表明，严苛的老板和恶劣的工作环境不仅会伤害员工的健康，也是员工流失率高、工作满意度低以及以其他形式体现出来的组织生产效率受损耗等问题的重要原因。

系统性数据为我在大量案例研究中发现的问题提供了支持。有一种现象叫“黑色星期一综合征”，指星期一早上心脏病发作的人数比一星期其他几天的人数多，这也许是因为星期天结束后回到工作岗位所导致的。这一现象已经使得医院在星期一安排了更多急救室，用于应对心脏病发作人数上升的情况。[15]

恰如其名的美国职业压力协会（American Institute of Stress）梳理了众多有关压力的研究成果，我在这里做一些分享：

- “工作压力显然是美国成年人的主要压力来源……并且过去几十年来，这种压力在逐渐增大。”
- 在“美国职场态度调查”中，80% 的员工报告称，他们在工作中感受到了压力。
- 两项独立的研究显示，约有 10% 的员工称，由于工作压力，他们会在工作场合做出暴力或攻击性行为。[16]

美国职业安全与卫生署的一项报告称，“所有数据表明，25% 的员工认为自己的工作是生活中的主要压力来源，并且工作压力比包括财务压力和家庭压力在内的其他压力更容易导致健康问题”。[17]

其他国家的工作环境大体与美国一样，甚至压力更大。澳大利亚一份评估压力状况的政府年度调查报告显示，2014 年有 45% 的澳洲人报告“工作上面临巨大的压力”，而在 2013 年，工作压力至少对 75% 的澳洲职场人士造成了身体健康问题，压力值创下了两年来新高。[18] 2012 年加拿大统计局的一项调查显示，28.4% 的加拿大人称，大多数工作日要么有不小的压力，要么极为有压力。[19] 来自英国的一项报告得出如下结论:“证据充分表明，与工作有关的心理健康问题是我们社会面临的一个重大问题，它会使我们付出极高的经济、商业和人力成本。”

有证据显示，工作环境对员工健康的负面影响可能正在变得越来越严重。一个原因在于，工作的性质发生了变化，尤其是不稳定的雇佣关系，如被称为“零工经济”（gig economy）的短期工作和自由职业，正在变成普遍趋势。有些未来学家曾预测，到 2020 年，“美国职场中有 40% 的所谓兼职员工”。[20] 2015 年，自由职业者联盟（the Freelancers Union）注意到，过去一年中有 1/3 的美国劳动者从事了某种自由职业。

从事短期工作的人会面临更大的经济不确定性和不安全感，并且几乎没有带薪休假或其他福利，包括培训。尽管很多人会通过打“零工”来增加收入，但数据显示，共享经济的兼职从业人员并没有赚到多少钱。《财富》杂志的一张图表显示，外卖平台 DoorDash 兼职员工的月均收入为 229 美元，优步司机为 364 美元，来福车（Lyft）司机为 377 美元，任务兔（TaskRabbit）员工的月均收入为 380 美元，五美元网站（Fiverr）兼职员工的月均收入为 103 美元，而 Getaround 公司兼职员工的月均收入为 98 美元。[21]

《纽约客》杂志上一篇文章引用的平台经济公司官网和博客的数据表明，这种工作模式会对从业人员造成极大的压力和困难。芝加哥的一个来福车司机受到了人们的称赞，因为她怀孕 9 个月还在接单，她刚送完一个乘客，又马上接下了新单子。来福车司机平均每单赚 11 美元，所以“玛丽不停接单的原因可能是因为零工经济已经进一步日常化，即多赚 11 美元比寻求紧急医疗护理更重要，而类似来福车这样的准雇主是不会为医疗服务买单的”。五美元网站标榜自己为精益创业者的自由工作市场，并且还大张旗鼓地在纽约城地铁车厢里打广告，提倡午餐只喝咖啡，宣称如果你是一个“实干家”，“减少睡眠是你最好的选择”，它甚至在一段视频广告中建议，“任何时候都要接客户的电话”。[22]

除了上面提到的可怕故事，还有大量系统性证据表明，不安全感通常是由临时用工造成的，这对人们的健康和福利有负面影响。比如，一份对发达国家不稳定雇佣关系的 93 项研究所做的综述报告发现，“不稳定雇佣关系与职场健康和安全的恶化有关……包括工伤率、患病风险、危险暴露、员工和管理者具备的与职场健康安全管理体系（OHS）监管责任有关的知识”。[23]

尽管职场压力十分普遍，并且有大量证据表明其对社会可持续发展和员工身心健康[24]有负面影响，但奇怪且遗憾的是，很少有人关注过这一问题。纵然已有大量医学文献表明，不利的工作环境会影响身心健康，人们也已经在健康护理成本和人口死亡率方面付出了巨大代价，职场压力仍在很大程度上被雇主、政府、商学院忽视了。新西兰人力资源研究所前行政长官克里斯·蒂尔（Chris Till）告诉我，当他向新西兰政府谈及职场环境与人口健康存在密切关系时，政府官员回应说，“压力是工作的正常组成部分”，这意味着，政府对此不以为意，也不会为此做点什么。蒂尔注意到，政府根本不知道工伤数量比突发的人身伤害或安全事故数量大，也不知道慢性压力和对健康有负面影响的管理方式会导致身心健康问题，而解决这些问题的支出都要由企业和社会来承担。

剑桥大学纽纳姆学院院长达姆·卡萝尔·布莱克（Dame Carol Black）告诉我，2011 年，她和著名的组织心理学家卡里·库珀（Cary Cooper）爵士兼教授在超过 100 所英国商学院做了一项即兴调查，以评估它们在课程中是否涵盖了员工健康、工作参与度和员工福利等内容。他们发现，答案是“完全没有”。[25] 在雇主方面，情况也好不到哪里去，只有很少的企业会评估与工作有关的压力，而试图解决这一问题的企业就更少了。

斯坦福大学商学院毕业生、阿尔忒弥斯关系战略咨询公司（Artemis Connection）创始人兼首席执行官克丽丝蒂·约翰逊（Christy Johnson）一直对战略执行过程中人的因素非常感兴趣。她告诉我，“企业会公然反对员工如实反映职场中出现的状况”。当我质疑她的说法，提到人力资源部门的相关工作以及很多企业都做过员工调查时，她的回答是，这些工作大多只是为了应付公司规章、法律规定和风险管理所提出的要求，以避免企业被起诉，但实际情况是，很多企业根本没有认真理会收集来的调查数据。

并非所有公司都忽视系统性评估职场所导致的健康和福利问题，盖洛普-健康之路①联合开展的全国幸福指数调查就是一个值得注意的例外，该项调查数据和盖洛普研究专家关注到了员工福利、员工健康、工作参与度和公司表现。但需要注意的是，盖洛普的调查结果只反映了地域状况，没有反映具体的公司情况，所以人们并不知道哪家公司做得特别好、哪家公司做得特别差。盖洛普报告称，“只有 12% 的雇员强烈认同他们是因为雇主才拥有更强的综合幸福感”。即是说，大多数雇员并不认为工作会增加幸福感。[26]

① 健康之路（Healthways）是美国一家致力于改善企业和机构雇员福利的公司。——译者注

当然，还存在一些例外情况，不过并不多。有些公司已经证明，关心员工的身心健康以及整体福利既是可行的，也是具有经济效益的。

2004 年，安泰保险公司首席执行官马克·贝托里尼（Mark Bertolini）经历了一场严重的滑雪事故，差点丢了性命，从此他的左胳膊一直处于剧痛中。当时，他的儿子患上了一种罕见的癌症，也正在接受治疗。这一系列经历让贝托里尼开始关注健康以及其他非传统疗法。安泰保险公司已经将员工健康放在了首要位置，关注员工的身体、心理、社交和财务健康。[27] 2015 年，安泰保险公司将员工的最低工资提高了 33%，提高到每小时 16 美元，大约有 5 700 名员工因此涨了工资。安泰保险公司还调整了健康福利政策，减少了员工在健康方面的现金支出，为员工提供免费瑜伽课程，大约有 1/4 的员工参与其中。至少参与过其中一项课程的员工表示，“平均而言，他们的压力水平下降了 28%，睡眠质量改善了 20%，身体疼痛减轻了 19%。他们的工作变得更高效”。[28] 公司还为员工提供了减肥项目和健康体检。2016 年，安泰保险公司发起了学生贷款偿还项目，每年为背负学生贷款的员工提供最多 2 000 美元的资助。在安泰保险公司，卫生健康成本呈下降趋势，偶尔在有些年份仅比全国平均成本略高，这可能是公司在员工福利上投入了更多资金的缘故。

贝瑞-威米勒是一家产值达 25 亿美元的制造公司，公司拥有 1.2 万名员工，分布于全球各地的工厂。几年前的一天，其首席执行官查普曼把他的一个想法告诉了我：“我们逐渐意识到，所有为公司工作的这 1.2 万名员工都是他们的父母所珍爱的子女，并且我们意识到，我们对待他们的方式将会对他们的生活产生重大影响。”查普曼决定，把公司的目标设定为让员工在结束一天的工作后能开心回家。当公司不再把员工当作工具，而是当成一个被他人所珍爱的人时，一种员工相互关心的企业文化就建立起来了。结果是：利他的程度越高，即"员工真正不计回报地为他人付出得越多"，公司在经营上的表现就越好，即便该公司处于竞争异常激烈的传统制造业，利润的年复合增长率也高达 16%。

查普曼现在已经成为这一理念的"布道者"，他还写了一本书《每个人都很重要》[29]。他到处宣讲贝瑞-威米勒公司的方法，介绍公司围绕员工福利打造企业文化的过程。他评论说，"在美国，88% 的员工认为工作单位不关心他们的福利，75% 的员工对工作不满意。我们知道，如果员工觉得没有受到重视，他们就会认为自己没有身处一个良好的工作环境，而这会带来负面后果。我认为，如果员工觉得工作很开心而不是觉得压力很大，那么他们的健康问题会减少 40%。"

我们发现，有些公司的确很关心员工福祉，并且我们在撰写本书时检视了很多研究成果和著作，它们都提供了与关心员工相关的经济和社会理由。[30] 公司完全有可能在关心员工福祉的同时，实现经营目标。然而，关于工作压力、员工健康和员工满意度方面的数据表明，大多数公司领导者需要关注和学习这方面的知识。

要追求人的可持续发展

有时候，甚至是最普通的行为和决策，都会在很大程度上体现企业现有的社会价值观和优先考量。所以，虽然与经济发展和土地使用有关的决策要考虑诸多烦琐的要求，包括环境保护等方面，但纵然要求如此之多，这些监管规定却几乎总是会忽视受其影响的员工福利。

举一个简单的例子。2010 年，大型连锁超市企业西夫韦（Safeway）试图在加利福尼亚州的伯灵格姆（Burlingame）扩大店面。西夫韦提交了一份环境影响报告，供公众审查。报告内容包括所有重大建筑或重建工程，详述了店面扩建对飞机起落和道路交通的影响，概述了景观美化和标识计划，以尽可能保持美观，并且强调了诸多企业和承建商能做的事情，比如从拆除的旧建筑中回收利用废物，将工程的环境影响最小化等。

这份报告并无新奇之处，每年有成千上万份这样的报告。这类环境评估背后的根本假设很简单：建造任何东西都会在很多方面破坏环境，而优秀的管理工作要求企业在从事经济开发的同时，尽可能维护自然环境，减少环境破坏。如果修建或重建是对重要历史遗迹的重大改造或拆除，那么肯定应该让该项目承担更多的保护要求和更高的维护成本。此外，发布这类报告并在修建之前进行环境评估承认了这样一个事实：比起随后再来补救可能对环境、重要历史建筑等造成的负面影响，事先预防破坏的发生要更容易。

关于自然环境，人们已经树立了关注可持续发展、避免环境恶化的共识。法律和监管制度会阻止和处罚那些污染空气或水的行为。很多企业在广告、年报和其他宣传中吹嘘自己所践行的“绿色环保”责任。他们详细描述了公司减少碳排放和缓解其他形式的环境威胁的做法，这些做法已经成为日常商业行为的一部分，使得人们经常忘记，不久之前环境管制还被人们坚决抵制。很少有企业将环境可持续性作为品牌塑造的重要部分，它们也没有在客户和员工中灌输这一理念。

初看起来，西夫韦的环境影响报告内容尽管毫无新意，但似乎很全面。该工程的实施范围有限，只是在一个已经得到开发的商业区域内重建一些建筑，以取代某些现有建筑，但报告还是没能考虑到店面重建的某些影响。重建期间，该店面要关闭超过一年时间，而现有店面有几十个雇员。2010 年，店面正式关闭，当时美国劳工市场正在从金融危机中缓慢恢复，而经济仍处于紧缩状态。一方面，西夫韦在建设期间会移除树木、暂时影响交通和车辆停放，所有这些问题在报告中都有提及。另一方面，企业的行为还会影响其经营效益和员工的生活，而这些问题在报告中没能得到讨论。尽管事实上西夫韦的确将某些员工安置到了附近的其他店面，但报告中没有提及这一做法，也没提及如何安置剩下的员工，简而言之，没有提及这一相对常规的商业拓展行为对员工福祉的影响。

这类案例并不鲜见。欧盟冒着和美国发生贸易摩擦的风险，要求美国和欧盟以外的其他国家一样，为其航班飞入欧盟领空所造成的碳污染付费。当时这一要求受到美国和一些亚洲国家的强烈反对，这一情况被媒体广泛报道[31]。与此同时，欧盟显然并不关心诸如美国达美航空和美国航空之类的航空公司已经削减并仍在持续削减工资、工作岗位和养老金，而这些做法已经对企业的人文环境和员工的身心健康造成了负面影响。

还需要我提供更多可持续发展运动忽视了员工福祉的证据吗？如果你登录通用汽车的官网，就会发现它展现了自己在承担可持续发展责任上的良好信用，你会知道，通用汽车是获得清洁能源专利最多的企业，是全球使用太阳能列阵数量最多的五大公司之一，拥有 11 个垃圾填埋场，还运营着由野生动物生境理事会（Wildlife Habitat Council）认定的 26 个野生动物保护区。你不知道的是，通用汽车在过去 10 年的裁员数量，企业如何减少新员工和老员工的工资和福利，如何管理与员工福祉有关的职能部门的工作氛围和工厂环境。通用汽车也不会在其可持续发展报告中呈现当前或过往员工总体的身心健康数据。

同样，美国最大的雇主、拥有超过 100 万名员工的沃尔玛在环境可持续发展方面希望解决三方面问题，包括能源、废弃物和产品。[32] 沃尔玛的全球责任报告尤其强调了可再生能源和应急准备。当报告谈及与员工有关的指标时，沃尔玛的关注点放在了员工晋升数量、新员工中女性和有色人种的比例，以及企业招聘退伍军人的数量上。[33] 但沃尔玛没有提及是否为员工支付了足以维系生存的薪酬，是否为员工提供了足以让他们接受医疗服务的医保，或者是否执行了工作和生活平衡政策，比如在工作日给予员工一定的时间去履行与工作无关的家庭义务。

尽管在向各利益相关者发布可持续发展报告方面，我们已经取得了值得称道的进展，但我们对员工福祉可持续发展的关注才刚刚开始。目前的情况仍然是，“对与可持续发展风险有关的人权和劳工问题的研究和报告，远不如对与可持续发展有关的环境和政策问题的研究和报告所取得的进展大”。[34]

我们指出西夫韦、通用汽车、沃尔玛或其他企业在管理实践中缺乏对员工福祉的关注这一事实，并非有意针对它们。实际上，展现自己在减少废弃物、节约能源、循环利用和一般性地保护自然环境方面的成就，已经迅速成为很多大型企业的惯常做法，同时，这些企业的社会责任报告所提及的领域还在迅速扩大。然而，在员工福祉问题上，报告中所包含的内容通常只局限于由工伤事故所造成的工作时间损失的数据，以及其他非常有限的指标，而这些指标完全不能充分评估员工福祉的可持续性。

当然，还是有一些例外情况的。有些企业已经采取了更全面的视角，报告了员工福祉状况，其他企业可以向它们学习。比如，2012 年，英国电信公司（British Telecom）修改了其健康和安全政策，将员工健康和福祉纳入公司员工战略的关键构成要素。公司既报告了工伤事故导致的工作时间损失数据，也报告了员工生病造成的工作时间损失数据。改善员工健康位列英国电信公司健康和福祉战略的第一条。公司为生病或残疾员工提供帮助，让他们能够调岗到其他工种，从而不至于被裁员。英国电信公司已经开发出一套“心理健康工具”和一套“压力风险评估和管理工具”，自 2008 年以来，已经在心理健康支持方面培训了大约 5 000 名管理者。最重要的是，英国电信公司管理体系和管理哲学的第一条就是：“对任何组织而言，首要和最重要的原则应该是避免对其员工造成伤害。”如果有更多企业既在思想上又在行动上重视员工健康，那么企业和员工都会从中受益。

就人类社会而言，人们显然更关注自然环境，而不太在意企业本身对工作氛围、对在其中工作的员工的影响，这一事实对人们理解当代社会有着重要启示。它解释了为什么工作尤其是好工作正在消失，也解释了为什么在很多国家都有大量员工表示自己的工作压力、心理压力和身体压力与日俱增。职场社会为如下简单的真理提供了日常注脚：哪些问题得到重视，哪些问题就能解决；哪些问题得不到关注，哪些问题就不会得到改善，甚至还会变得更糟。没有衡量标准，不在报告中呈现，不要求考量与制造污染和环境污染不同的“职场社交污染”的后果，企业就会持续使用惯有的决策逻辑，这种逻辑乐意甚至有意忽视对员工福祉的关注。

不仅企业及其社会责任报告强调自然环境而非人文环境，就连公共政策也是如此。在地方和国家层面，环境监管法规限制废弃物和二氧化碳排放，并且以里程数为标准强制汽车报废。在企业治理层面，存在着很多有效的手段、政策和规定，比如要求公司董事委员会聘请独立董事，企业也可以付诸努力来评估、披露、限制环境和治理风险。这些举措覆盖面很宽泛，受到的关注和重视远甚于员工福祉。诚然，对最基本的诸如工伤事故和死亡等员工人身安全方面的监管，已经大幅降低了工伤事故率和死亡率，并且工厂中的有毒化学物泄漏问题也已经得到有效控制。然而，美国和其他国家的企业如今可以任意裁员、要求员工随时待命和轮班工作，却没能考虑到这些做法给员工健康带来了严重的负面后果。

尽管力度非常有限，但的确有一些政策关注到职场环境对员工健康和福祉的影响，并且这种关注还在增加。世界卫生组织承认，健康是一种人权，人群健康能带来很多好处，同时还承认社会心理因素包括职场中造成的社会心理压力，也会影响身体健康。[35]

在美国，最近几十年来，美国国家职业安全卫生研究所（NIOSH）已经承认，工作环境可能是员工身心健康的威胁或危险因素。该机构不仅试图评估职场健康风险的程度，还要求雇主改善不健康的工作环境，以减少员工伤亡数量。[36]然而，直到2011年6月，“美国国家职业安全卫生研究所才发起‘全员健康项目’……作为将职场安全和健康保护与健康改善整合起来的一种策略，从而预防工伤和疾病”[37]。几乎在同一时间，美国卫生与公众服务部推出了“健康人民 2020”（Healthy People 2020）计划，致力于让员工参与相关的健康项目，从而减轻员工压力。[38]但在很大程度上，这些机构仍然把重心放在预防工伤和防范员工暴露于有毒物理环境方面，同时也鼓励推进健康改善项目，而在改变对健康有着重大影响的社会心理方面，它们的关注度相对有限。

英国对工作与健康之间的关系投入了更多政策上的关注。这可能是因为英国有更多和更好的评估手段，也可能是因为有害的职场行为所付出的健康成本会影响政府预算，而英国医疗服务的运作和支付方式与美国不同。剑桥大学纽纳姆学院院长达姆·卡萝尔·布莱克女士在一次与我的私人谈话中说道：“英国政府从 2005 年起逐渐关注到这一问题，并发布了报告《健康、工作和福祉战略——愿景》（*The Health, Work and Well-Being Strategy-the Vision*）……我们还有很长的路要走，现在，糟糕的工作、糟糕的职场环境、糟糕的领导者和缺乏必要培训的管理者所造成的负面影响已经越来越得到重视。”[39]

政策关注和报告披露能让公共机构测算有害工作环境的成本，反过来，该测算又会激发行动。所以，在英国，“据测算，2007—2008 年，工作压力造成了 1 350 万个工作日损失”[40]，“2011—2012 年，110 万名员工患有职业病”[41]。由于工作场所引发的压力带来了极大的经济成本，所以英国健康与安全执行局（UK Health and Safety Executive, HSE）已经发布了管理标准，试图降低与工作健康问题有关的发病率和经济成本。然而，英国颁布的政策指南和美国国家职业安全卫生研究所推行的举措更多依赖于企业的自觉执行，而不是由其他相关机构制定政策，依靠实质性的处罚和监管执法资源来强制推行。

这给我们带来了启发：如果真的关心人类福祉和人类生活，包括关心人们能活多久；如果关心社会的可持续发展，而不仅仅是环境的可持续发展，我们就需要先了解并改变那些导致员工生病、死亡的职场环境。

健康才是衡量系统有效性的指标

关心人类寿命和福祉的理由有很多。首先，诸如《世界人权宣言》和《经济、社会及文化权利国际公约》等国际人权法律和公约明确规定，职场健康和安全属于基本人权。[42] 人们对人类健康的道德和社会正义基础做了许多思考。

其次，健康状况是评价组织或其他任何社会体系表现的一项重要指标。英国流行病学家和健康政策专家迈克尔·马尔莫（Michael Marmot）写道："健康函数就像社会的会计师，如果健康受损，它就是在告诉我们，人类的需求没能得到满足。"[43] 他引用了诺贝尔经济学奖获得者阿马蒂亚·森（Amartya Sen）的话："经济和社会的成功与该社会成员能够过上怎样的生活密不可分。"[44] 人们的福祉和他们对身心健康状况的自我判断，以及如婴儿死亡率和人类预期寿命等其他指标，都是衡量国家、城市或工作单位等任何社会系统运转状况的重要标准。在运转良好的系统中，人们生活美满，健康长寿；而当系统崩溃或功能失衡时，人们就会生病和死亡。关于俄罗斯和东欧国家的分析很好地阐释了这一普遍原则。苏联解体和东欧剧变最终促进了经济的增长和人们生活的改善。但在转型过程中，原先由国家层面提供的健康服务减少了，失业率、经济不平衡和不稳定性在上升，包括酒精滥用在内的社会问题剧增。在这段动荡时期，东欧很多国家人的预期寿命显著缩短。健康状况变差和死亡率提高反映出东欧国家在向新政权和社会结构转型时所面临的经济不稳定和社会支持系统崩溃的状况。

评判社会系统功能是否运转良好的另一项常用指标是生活满意度或主观幸福感。经济学家和其他社会科学家对了解获得幸福的决定因素以及如何更好地测量这些因素越来越感兴趣。[45] 毫不奇怪，幸福和健康状况是呈正相关的。一项针对 151 名青少年的研究显示，健康和幸福呈正相关；[46] 而在 383 个老年人的案例中也发现了类似的相关性；[47] 在 46 个国家进行的关于幸福与健康关系的研究发现，两者存在强相关；[48]《世界幸福数据库》（*World Database of Happiness*）从多个国家总结了大量研究成果，发现健康状况和幸福之间有很强的相关性。[49] 这些结论是讲得通的，因为如果一个人生病了，那么他是不可能感到幸福的。健康状况和主观幸福感之间的关系进一步证明，员工健康状况是有效衡量组织有效性的重要维度之一。

除了以上两点，还存在着强有力的经济理由，让人们对员工在职场的福祉投以更多关注。全球医疗卫生成本飙升，部分原因在于人口老龄化、出生率下降，意味着人口平均年龄在增大，但还有部分原因在于一直持续恶化的职场环境。一项将工作环境与心理健康联系起来的研究显示，“已有的证据为如下观点提供了佐证，即欧洲大多数国家的工作条件已经日益恶化”。[50]

欧洲发生的情况同样适用于美国，因为后者在保护劳动力市场方面采取了更加自由放任的态度。

全球很多国家面临医疗卫生成本的大幅增长，其增长部分大多来自诸如心血管疾病、糖尿病等慢性病，而有些慢性病是可以预防的。世界经济论坛的报告显示，在美国，超过 2 万亿美元的年度医疗支出中，有超过 75% 是由慢性病患者花掉的。如今，糖尿病和血液循环系统疾病之类的慢性病也正在发展中国家蔓延，包括中国、俄罗斯、印度和巴西等国家。[51] 糟糕的健康状况给社会和公司层面都造成了效率的巨大损失。世界经济论坛的这份报告还指出，患有慢性病的员工工作效率降低，而这带来的经济损失是这些疾病庞大的直接治疗成本的 4 倍。

职场环境健康，员工行为才健康

由于医疗费用的不断增长、员工生病导致的生产力损失，以及企业替换因长期生病而丧失劳动力的员工所增加的成本，所以全球的雇主和政府已经采取措施来改善员工的健康和福祉。然而，这些措施大多只关注了影响员工个人的行为决策，比如不健康饮食、缺乏锻炼、抽烟以及饮酒和药物滥用等，却很少关注影响员工压力水平的工作环境，以及工作压力给员工行为造成的影响。

类似的健康改善措施在美国尤为普遍，比如，雇主一直在为员工直接支付医保费，因此，也间接支付了员工的医疗费用。世界知名决策咨询公司兰德公司（Rand Company）发布的一份评估员工身心健康计划的报告显示，2009 年，在美国，拥有超过 50 名员工的企业中有大约 50% 的雇主提供了某种形式的员工身心健康计划，拥有超过 200 名员工的企业中有大约 92% 的雇主提供了这类计划。[52] 这些计划鼓励员工及其家人参加锻炼、戒烟、健康饮食、限制酒精摄入，以及监控血压和胆固醇等生理指标，确保它们处于健康状态。由咨询公司怡安翰威特（Aon Hewitt）针对 800 家大中型企业所做的调查显示，79% 的企业会试图使用降低由员工支付的保险费比例等奖励方式来鼓励员工改善自身健康。怡安翰威特还发现，这些企业会对没能改善各项生理指标和生活方式的员工实施惩罚。[53]

尽管雇主很关注医保开支，也关注员工缺勤率、流失率和生产率，试图改善员工个人的健康状况，但大多数员工身心健康计划的关注范围过于狭窄，不可能实现企业想要达成的目标。如向员工提供营养咨询、压力咨询、健身课程和适度的财务激励等雇主干预措施，甚至包括征收烟草税等公共政策干预措施，几乎都只专注于让员工个体做出决策，改变个人的生活方式。

比如，大型连锁超市西夫韦的“健康评估项目”就颇受社会关注。该项目由企业首席执行官发起，内容是：如果员工能控制自己的某些行为，比如戒烟，将体重、血压和胆固醇控制在正常水平，企业就会降低由员工支付的保险费比例。[54] 这类项目有一种预设，认为如果雇主帮助员工增长了关于营养和锻炼的知识，为他们提供了健身和减压的机会，帮助他们检查健康状况，以及为员工提供适度的金钱激励，让他们参与该项目，那么这些干预举措就足以让员工改变行为。但问题在于，雇主很少将职场环境本身纳入考量范围，并且很少考虑到底是哪些重要因素影响了员工的行为。

这种忽视令人遗憾，因为大量研究表明，酗酒、抽烟、滥用药物以及暴饮暴食等与健康有关的个人行为是受到工作环境影响的。[55] 比如，在很多律所中，工作时间很长，律所的企业文化也通常被认为具有很强的人际竞争性。《纽约时报》的一篇文章报道说，“有 21% 的律师有酗酒问题，有 28% 的律师正在与轻微或更严重的抑郁症做斗争，还有 19% 的律师患有焦虑症”。[56] 正如该文章所说，很多律师有严重的药物上瘾问题，而最初他们使用药物只是为了让自己能延长工作时间。

职场环境影响着员工对自身生活的看法，也影响着他们的心理健康水平。毫不奇怪的是，那些对自己人生不满意的员工照顾好自己、保持健康的可能性更低。正如精神病学家理查德·弗里德曼（Richard Friedman）在解释“上瘾”时写道：

> 人们更有可能通过药物或食物释放压力，这就是所谓的“安慰性食物”，没有人会对这一事实感到惊讶……如今已有大量研究表明，压力和上瘾之间存在关联。更令人惊讶的是，这些研究告诉我们，通过改变我们的环境，我们就能解决上瘾问题。[57]

企业知道职场环境的这些影响，但没能有效改善环境。比如，人力资源咨询公司华信惠悦 [Waston Wyatt，现在的韬睿惠悦公司（Towers Waston）] 在 2008 年所做的一项研究发现，48% 的企业认为，诸如长时间工作、用更少的人做更多的工作等与工作有关的压力会影响企业经营绩效。然而，只有 5% 的雇主表示，他们正在采取行动以改善健康和绩效之间的关系。[58]

由于大多数雇主对健康干预措施的首要关注点并非能够影响健康的职场环境，所以毫不奇怪，职场健康项目通常不会产生良好的效果，但还是有人误以为这类项目获得了成功。关于健康项目，首先，最重要的问题在于，这些干预措施中只有很少一部分得到了评估。其次，该项目的员工参与度也很重要。比如，连锁超市 HEB 发现，相比于没有参与职场健康项目的员工，参与了该项目的员工每年要为公司节约医疗支出 1 500 美元。[59] 不过，兰德公司的一项研究显示，员工对于职场健康项目的参与率通常并不高，只有不到一半的员工参与。盖洛普的调查发现，“在提供职场健康项目的公司中只有 24% 的员工参与其中”。[60] 在斯坦福大学，在职场健康项目运行时间长、管理完善、措施全面、领导者大力支持、财务激励政策到位的情况下，还是有超过 35% 的员工没有参与。

研究人员对 32 篇已发表论文所做的一项元分析①得出结论，“在职场健康项目上每花 1 美元就会使得医疗费用降低约 3.27 美元，旷工成本降低约 2.73 美元”。[61] 然而，一项最新、最全面的分析表明，“职场健康项目的投入回报比低于 1”。[62] 对百事可乐职场健康项目“健康生活”（Healthy Living）的研究发现，“连续 7 年参与一项或两项内容的员工，平均每人每月减少 30 美元的医疗费用”，其中加强疾病管理对医疗费用的减少做出了贡献，而生活方式的改变没起到任何作用。[63] 兰德公司发布的报告表明，健康项目对诸如饮食和健康生活等生活方式的选择会有一定影响，但针对 5 家雇主的超过 36 万名员工所做的分析表明，参与健康项目每年只能使医疗费用减少 157 美元，这一数字既无统计重要性，也无实质重要性。[64] 当员工的工作环境恶

① 元分析是一种定量分析手段，它运用一些测量和统计分析技术，总结和评论已有的研究。——编者注

化甚至培养了糟糕的习惯时，你不可能期望员工会采取健康的生活方式。

请暂且抛开关于雇主发起的职场健康项目有效性的争议，思考一下雇主经常使用的评估这些健康干预举措的标准。这样的思考是非常有益的。通常，雇主几乎只会关心健康医疗费用。成本当然很重要，但也许，仅仅是也许，对员工健康项目的评估还应该关注员工的健康和福祉：他们的身心健康，甚至是他们的死亡率和发病率。健康状况与医疗费用并非完全相关。毕竟，如果一个人跳楼身亡，就不会再产生医疗费用了。雇主不应当像现在这样不假思索地把经济成本的考量置于员工福祉之前，成本也不应该作为评价健康项目有效与否的唯一标准。

雇主选择与医疗系统的表现

在探讨健康和医疗费用时，雇主通常会先关注员工的个人决策。有一项分析测算出，在美国每年死亡的 240 万人中，超过 100 万人死于与饮食、锻炼和药物滥用有关的糟糕个人决策。[65]

个人决策是决定医疗系统表现的第一个因素，除此之外，很多公共政策讨论和实证研究都集中在美国医疗保健系统表现不佳的另外两个可能的因素上，而表现不佳意味着花费大量金钱却无法获得更好的健康结果。尽管美国是全球药物和医疗设备创新的领先国家，在技术和健康基础设施上投入了巨资，但实话实说，美国医疗系统的表现显然是低效的。根据经济合作与发展组织（简称经合组织）的报告，购买力平价调整后，美国在健康医疗上的支出是全球最高的——各州人均 7 662 美元，该数据是经合组织成员国健康医疗支出均值的 2.6 倍。美国的健康医疗支出占了 GDP 的 16.9%，这个比例是经合组织成员国相应平均水平的 1.8 倍，同样是全球最高。然而，美国的人均预期寿命只排在全球第 27 位，新生儿每千人死亡率排在全球第 53 位，65 岁男性的预期寿命排在全球第 23 位。[66]

在降低医疗费用、改善医疗系统表现方面，人们通常会关注诸如健康医疗系统的组织和支付方式以及由此造成的行政开支负担等社会层面的选择。[67] 有证据显示，由于美国的医疗支付报销大多交由保险公司来管理，所以美国多花费了大约 30% 的管理成本。这是医疗服务提供商不得不与诸多保险公司打交道，而保险公司又要与诸多医疗服务提供商进行结算的必然结果。与此有关的更宏观的关注点在于，哪些情况应该或者不应该由保险公司赔付，比如，投保前既往病史、节育和另类疗法；以及如何解决大多数发达工业国家所面临的为老龄人口支付医疗费用的问题，尤其是如何更合理地在个人和社会之间分配医疗费用。

人们认为决定医疗系统表现的第二个因素，在于实际提供医疗服务的医疗组织的内部管理机制，包括如何确保医疗服务提供商所面对的激励机制足以使其提供低成本服务。比如，已经有人研究了对医疗机构采取财务激励措施的有效性，也有人分析了在医疗机构中开展持续学习和改进实践的有效性。[68]

这些当然都是需要考量的重要因素。然而，雇主行为决定职场环境，职场环境又会对员工福祉产生影响，忽略这一效应是相当不明智的。人们通常不会在意雇主平日里在创造健康或有害的职场环境方面都做了些什么，但这些雇主行为对于员工的福祉、健康和医疗费用至关重要。

你可以思考一下雇主决定员工工资的例子。尽管工资部分是由劳动力市场状况所决定的，但同一个行业中同时存在低工资雇主和高工资雇主——好市多和沃尔玛提供给员工的薪酬就有很大差异。工资会影响健康，这一理论证据确凿。比如，一项针对 1.7 万名员工并使用了“收入机制专门研究”（Panel Study of Income Dynamics）数据的研究显示，工资高低与基于医生诊断的自我报告的高血压发病率在统计意义上呈显著负相关。数据表明，工资越高，员工报告身患高血压的可能性越低。工资高低对健康的影响在女员工和 25 ～ 44 岁的员工中更为明显。这是一项具有前瞻性和显著相关性的纵向研究，所以在研究早期阶段，工资高低就被用于预测员工是否会被诊断患有高血压，从而建立了两者之间的直接因果关系。证据显示，工资翻倍会让员工患高血压风险降低 25% ～ 30%。[69] 其他很多雇主就工作时长以及如何平衡工作与家庭的关系所做的决策也会影响健康，你会在本书中看到这一现象。

我的基本观点很简单：员工的福祉掌握在雇主手中。**雇主可以采取能够改善员工福祉和身心健康的措施，从而通过降低员工医疗支出、缺勤率、员工赔偿保险成本，以及员工由于工作心不在焉所造成的生产力损失，减少雇主自身的成本**。这类雇主行为还能通过改善员工糟糕的身心健康状况，以及避免对员工个人造成伤害，来降低社会成本。简而言之，雇主可以采取最佳方式来改善员工的生活；或者相反，雇主要么有意，要么由于无知和忽视，创造出了导致员工生病甚至死亡的职场环境。

要想改善员工健康，削减不必要的医疗开支，减少不必要的生病和死亡，就必须关注与职场有关的干预措施，制定相关政策，从而营造健康的职场环境，促进社会可持续发展，建设一个更健康的社会。

DYING FOR A PAYCHECK

第 2 章

我们为糟糕的职场环境付出的巨大代价

职场环境对员工健康的影响

糟糕的职场环境会给健康带来危害，哪怕你自己就是营利性基层医疗机构的一名医生。一名名叫苏珊的原基层医生描述了自己和一些同事过度工作所付出的代价，还讲述了一个首席执行官“一旦工作进展不顺就会抓狂”的故事：

> 几天前，我刚和我们的一个副总裁谈过话。由于工作压力过大，她身上起了带状疱疹……去年夏天，我感到了前所未有的恐慌。我的心情简直糟透了，我每天都会独自哭泣。我讨厌我的工作……作为管理者，我一人负责两个到两个半员工的工作。

我在研究过程中听说过大量的故事和佚闻，并且查阅过很多关于职场压力及其后果的文章和数据。我面临的挑战在于：找出数据，做出合理而准确的分析，从而预测有害的管理行为所造成的经济代价和员工代价。这就是本章的主题。

近十年来，我一直相信，有害的职场环境会对员工身心健康造成不可逆的负面影响，并大幅增加经济成本和人力资源成本。管理决策导致了糟糕的工作环境，但也只有通过管理决策，我们才能改变糟糕的工作环境。遗憾的是，这样的决策实在太少了。但如果员工的确是工作致死的，如果有害的职场行为导致了巨大的成本，那么在我看来，我们至少应该回答 4 个问题，这些问题可以帮助我们界定前述现象的范围：

- 特征明确、具有共性的现代职场环境，其糟糕程度、有害程度到底有多高？
- 在美国，职场环境在生命和经济方面付出的总代价有多大？
- 在糟糕工作环境中的暴露度差异在多大程度上能解释健康方面，比如寿命，日益严重的不平等现象？
- 最重要的是，虽然激烈的市场竞争和迅猛的技术变革使得打造没有压力的职场环境似乎不太可能，但仍有多少员工代价和经济代价是可以避免的？

回答这些问题需要分析和建模技能，这远远超出了我的能力范围。但幸运的是，我得到了乔尔·戈（Joel Goh）和斯蒂凡诺斯·泽尼奥斯（Stefanos Zenios）的帮助，前者当时还是斯坦福大学商学院研究生院的博士生，现在已是新加坡国立大学的教授，而后者是我们运营和信息技术小组的讲座教授。本章将介绍我和我的同事、其他研究人员和国家对这些问题的研究成果，讲述糟糕的职场环境使我们在不同方面付出的代价。对那些对诸如哪些职场环境最有害、我们该如何整合我们的分析等细节不感兴趣的读者，我们将在这里对每个问题给出我们所能给出的最佳答案：

- 在我们所确认和研究的 10 个有害职场特征中，几乎每个特征对健康的危害程度与暴露于二手烟和受到管制的已知致癌物中所造成的危害程度一样，包括死亡率和罹患经医生诊断的疾病。
- 总体而言，在美国，职场环境也许应该为每年 12 万非正常死亡人数负责。职场环境已成为第五大致死原因，使人们在医疗开支上额外花费了约 1 800 亿美元，占总医疗开支的将近 8%。
- 有害职场环境对不同员工的影响程度主要与员工受教育程度有关，部分还与种族和性别有关，这大概能在 10%~38% 的程度上解释预期寿命差距形成并不断扩大的原因。
- 通过将美国与欧洲 27 个国家进行比较，我们测算出，非正常死亡人数大约有一半（6 万人）、额外医疗支出大约有 1/3（630 亿美元）是可以避免的。

其他研究也指出了有害职场环境使人们付出的极大的员工和经济代价。有一种实证方法专门研究由职场环境造成的特殊疾病的比例，这种方法被称为“归因分值”（Attributable Fraction）。加州大学戴维斯分校的研究人员使用这种方法测算出，2007 年，美国有 5 600 例致命工伤和 53 000 例致命疾病要归因于职场环境，它们所带来的医疗开支“至少与同样数量的癌症患者的医疗开支一样大”。[1] 另一项研究使用了同样的方法并采用了 1997 年的数据，研究人员预计有 4.9 万名死者的死因与职场环境有关，而这是当年美国的第八大致人死亡原因。[2]

在澳大利亚，根据一项测算，职场压力每年会导致 148 亿美元的经济损失，工作压力、性骚扰和欺凌占心理疾病致病原因的 75%。[3] 而且，澳大利亚心理学协会（Australian Psychological Society）执行主任表示，一项关于工作压力和福祉的调查揭示了"员工心理健康和福祉呈恶化趋势"[4]，这一趋势也可以在美国观察到。衡量与健康有关的效率损失的研究显示，在美国，"由于健康问题，每年约有 2 600 亿美元的产出损失"。[5]

还有一项研究使用了世界卫生组织的比较风险评估法来计算职场风险成本，该研究测算，全球每年有 85 万人因工死亡，相当于损失了 2 400 万年的健康人生。[6] 欧洲职业安全和健康署（European Agency for Safety and Health）测算，60% 的工作缺勤是由工作压力导致的。[7] 这些测算都表明，有害的职场环境会使企业和社会付出惊人的员工和经济代价。

人们可能想知道，是否还有其他因素能解释医疗费用和死亡率。尽管对员工而言职场是一种重要的环境，但它显然不是唯一的环境，或者说不是造成健康问题的唯一因素。比如，家庭就对健康有重要影响。正如一项早期研究所表明的那样，"家庭构建起了也许是最重要的社会环境，疾病会在这一环境中产生或消除。可以说，家庭是健康和医疗护理的基本单位"。[8]

越来越多的研究文献也表明，人们所生活的社区对健康和福祉有重要影响。在澳大利亚汉密尔顿和加拿大安大略所做的一项研究发现，社区成员的社会经济背景会对其他成员的健康状况产生影响，也会对社区中抽烟的成员与其健康之间的关系强弱产生影响。[9] 另一项采用来自芝加哥的数据的研究检视了居民流动性、移民集中度和社会经济状况对健康的影响。[10] 由于社会和物质资源（包括有效的健康医疗资源）在各个社区之间有很大差异，因此生活于哪个社区对于健康也很重要。

社会网络和人际关系也会影响健康。社会关系对健康的影响来自诸多方面，包括人际关系对人们个人行为的影响。请看几个例子。一项研究发现，在社会网络中，肥胖是有社会传染性的。如果 A 君有一个朋友，而这位朋友在一段时间内变胖了，那么 A 君变胖的概率会提高 57%。[11] 回顾关于饮酒的社会效应的研究文献，有助于解释同伴对他人饮酒产生影响的三种机制：同伴提供了酒精；同伴为饮酒树立了榜样；同伴的饮酒行为有助于决定适度饮酒的社会规范和预期。[12] 对药物滥用的诸多研究也得出了同样的结论，"社会环境对一个人有多大概率会滥用药物和药物成瘾起着决定性作用"。[13] 在诸多重大问题上，人们会受到同伴的影响，而这种影响也会发生在与健康有关的行为上。

通常，在人们需要得到帮助以改变自身行为时，阻止药物滥用的项目就会启动，为人们提供引导师和社会支持，而这样做的一个原因就在于，同伴对他人行为具有强大的影响力。这类项目通常还会试图努力改变与求助者保持密切往来的人，从而让求助者及其同伴都远离他们彼此之间的负面影响。此外，社会关系还能提供友情、情感支持和倾诉对象，这能减少压力的有害影响。

其他因素也能影响健康和寿命，如基因和随机因素。例如，遭遇车祸或买了一辆有故障的车，从而影响了健康和生命。正如一篇医学文章所说，"基因几乎影响着每一种人类特征和疾病"。[14]

因此，并非所有疾病或身体不适都可归咎于个人行为，也并非所有疾病和死亡都是人们身处职场的结果。但无论如何，职场对于健康而言都有着非常重要的影响。

工作场所是人们度过光阴的地方，是人们获取收入的地方，也是人们获得或争取获得社会地位和声望的地方。在美国，工作决定了人们能否获得以及能获得哪种医保和医疗服务，至少在《平价医疗法案》（*Affordable Care Act*，*ACA*）通过之前，甚至从某种程度上讲，在该法案通过之后，情况就是如此。有些职场环境充满压力，有些则不然。过去几十年来的大量研究文献持续表明，压力对健康有负面影响，[15] 有些影响甚至具有因果性，比如压力会令人做出与不健康行为有关的个人决策。[16]

任何增加了压力的职场行为都会使得人们的健康状况更糟、医疗费用更高。相反，任何直接缓解了压力或提供了应对压力的方法的管理行为都会改善人们的健康状况，并相应地降低医疗费用。由于健康和长寿与能获得多少医疗服务直接相关，因此，诸如提供医保，从而降低医疗服务成本之类的职场政策，也会对人们的身心健康及经济保障产生影响。

我们应该直接估算职场行为对健康和相关成本的影响，但我们无法做到这一点，因为关于人们所在的职场环境及其对健康的持续影响，我们缺乏长期数据。于是，我和乔尔·戈、泽尼奥斯不得不在模型中使用间接估算法和多个来源的数据，以计算有害管理行为的物理和经济成本。我们所采用的方法和所做的敏感性分析表明，这些数据是可靠的。如果读者对此感兴趣，可以在由同行评审并发表的研究文章中查找相关的技术性细节。[17]

我们使用了一套简单明了的逻辑分析流程。首先，我们评估了主流的雇主行为和职场环境——我们称之为“职场接触”（work exposures），人们有理由认为它们对雇员健康有着积极或消极影响。我们使用了来自几轮“综合社会调查”（the General Social Survey）的随机抽样调查数据，评估了人们在生活中所持的态度和身处的环境，从而估算人们在多大程度上身处不同的职场环境中。

其次，我们使用了一种综合多个研究成果的方法——元分析法，来估算职场接触对死亡率和患病率的影响有多大。[18] 最后，我们使用了不同健康水平人群的医疗费用的全国性数据，来估算这些消极健康结果的成本。在整个过程中，我们运用了各种方法，以避免重复计算各种职场接触效应或由职场接触导致的各种消极健康结果。

我们对流行病学文献的回顾揭示出 10 种主要的职场接触，它们和能影响雇员健康和寿命的雇主决策有关：

1. 失业（有时是裁员导致的失业）；
2. 没有医保；
3. 倒班（不同于常见的白天工作制），并且还要工作更长时间，比如与通常的 8 小时工作制不同，雇员每 10 ～ 12 个小时轮一次班；
4. 每星期工作时间长（如超过 40 小时）；
5. 没有工作安全感（如同事被裁员或者被解雇）；
6. 面临工作与家庭之间的冲突；
7. 对自己的工作和工作环境只有较低的掌控力，包括在工作中只有较少的自主权和决策权；
8. 面临严苛的工作要求，如必须快速完成工作；
9. 身处提供低水平人际支持的工作环境（如没有和能提供人际支持以

缓解工作压力的同事建立起良好关系）；

10. 在工作环境中，与工作和职业有关的决策似乎是不公平的。

在这些评估中，首先，我们使用了来自最新几轮综合社会调查的数据，来估算美国职场出现这些现象的频次。其次，我们在在线数据库 MEDLINE 上搜索与这些职场环境和健康状况有关的词，初步找出了将近 3 000 篇相关文章，我们对这些文章的研究表明：①有很多流行病学文献已经在职场环境因素与健康之间建立了关联；②我们一开始选取的工作环境维度是估算工作环境对健康影响程度的恰当出发点。为了让元分析得出有效结论，我们只借鉴了那些采用了大样本（超过 1 000 个受试者）并使用了最先进和最恰当的统计方法的文章。最后，我们整合了超过 200 项研究成果，将其用于对职场行为的致死率进行元分析。我们使用这些研究成果估算出了不同的职场接触对于健康的影响程度，当然，不同的职场接触对于人们健康的损害程度也是大小各异的。

尽管以前也有人对关于职场环境对健康的影响展开过回顾和元分析，但他们大多只关注单一职场压力因素，比如工作的不安全感[19]、工作时长[20]、职场中人际支持的匮乏[21]，以及心理需求和工作自主权[22]。我们的实证估算对现有研究文献的补充在于，我们的估算结果整合了最新的实证研究成果，并运用了常见的方法和标准来探究 10 个职场维度对 4 种健康状态的影响。

我们所认为的 4 种健康状态是：死亡、患有经确诊的疾病或处于医治状态、自认为有心理疾病，以及自认为有生理疾病。研究文献通常将健康问题以及死亡分为存在或不存在两种情况，我们也遵循此惯例。

值得注意的是，无论是由单一因素还是由一组因素来衡量，自认为有生理疾病已经被证明是预测后续死亡或患病的重要指标，即便对与健康有关的其他因素做了统计上的考量之后，情况也仍然如此。[23] 此外，通过自认为健康与否这个指标能够预测后续患病和死亡，这种前瞻能力在不同种族和年龄段都适用，因此，将自认为健康与否作为评估依据，其价值显然是极具普遍性的。[24]

不健康的职场行为像二手烟一样有害

在医学文献中，健康影响通常以“比值比”（Odds Ratio，OR）来表示。我和同事在做元分析时，也用到了比值比。例如，比值比为 2 的意思是，面临某种特定职场压力的人拥有某种特定健康状态（如死亡或患有被医生确诊的疾病）的概率是未面临这种压力的人的 2 倍。对于非科学家而言，理解比值比，也就是理解健康影响的重要性，通常是很困难的。因此，为了给我们的分析结果所具有的重要实践价值提供某些背景资料，我们将职场接触对健康的影响程度与二手烟进行了比较（如图 2-1 所示）。众所周知，二手烟是一种环境致癌物。由于认识到了接触二手烟的负面健康影响，美国和全球多数国家制定了公共政策与监督措施，以减少人们接触这种致癌物的机会。因此，公共交通工具如飞机、火车、大巴，以及办公室、餐厅、剧院等诸多公共场所禁止吸烟。

如图 2-1 所示，从（a）到（d），呈现了我们通过元分析得出的比值比，该数据反映了不同的职场接触因素对健康状态的影响。[25] 这一分析结果已发表在由同行评审的期刊上，该分析包括医学文献中报告的二手烟对以上 4 种

生理健康状况不佳（自我评价）
工作与家庭之间的冲突
失业
缺乏工作安全感
接触二手烟
严苛的工作要求
低工作自主权
没有医保
a
低人际支持
低公平度
1.0 1.1 1.2 1.3 1.4 1.5 1.6 1.7 1.8 1.9 2.0 2.1 2.2 2.3
比值比

（a）

心理健康状况不佳（自我评价）
工作与家庭之间的冲突
失业
严苛的工作要求
缺乏组织正义
接触二手烟
缺乏工作安全感
低工作自主权
低人际支持
倒班
长时间工作 / 加班
1.0 1.2 1.4 1.6 1.8 2.0 2.2 2.4 2.6 2.8 3.0 3.2 3.4
比值比

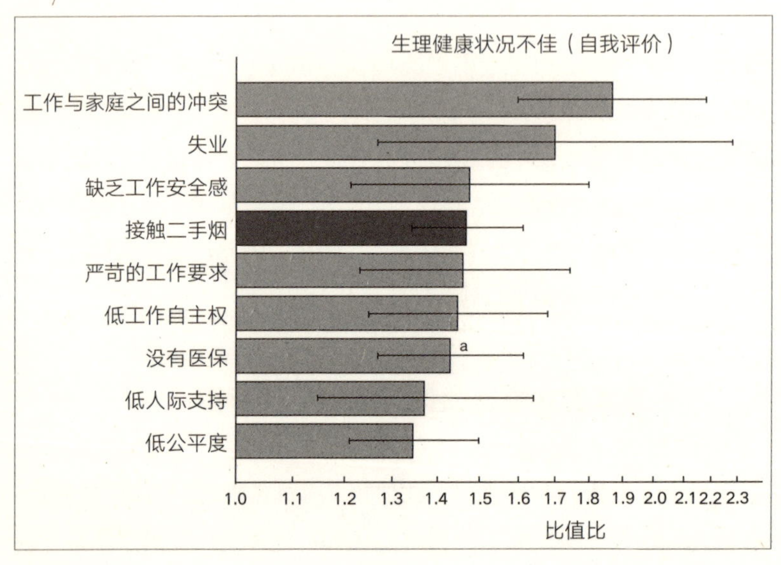

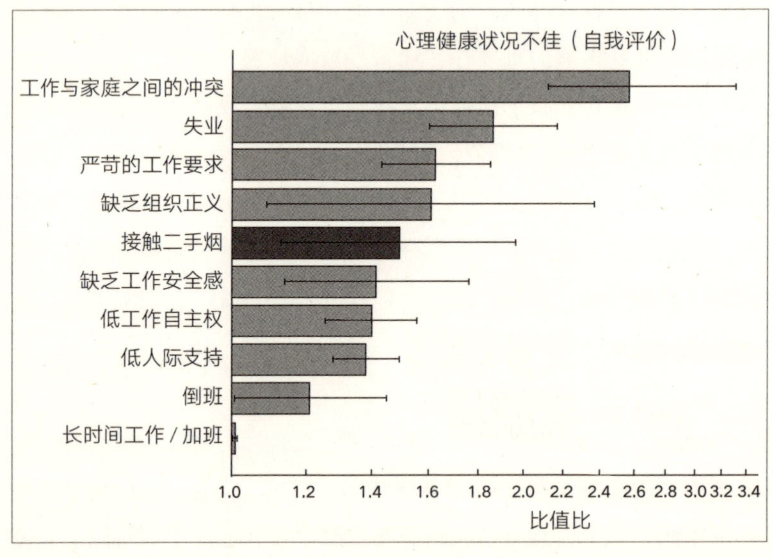

（b）

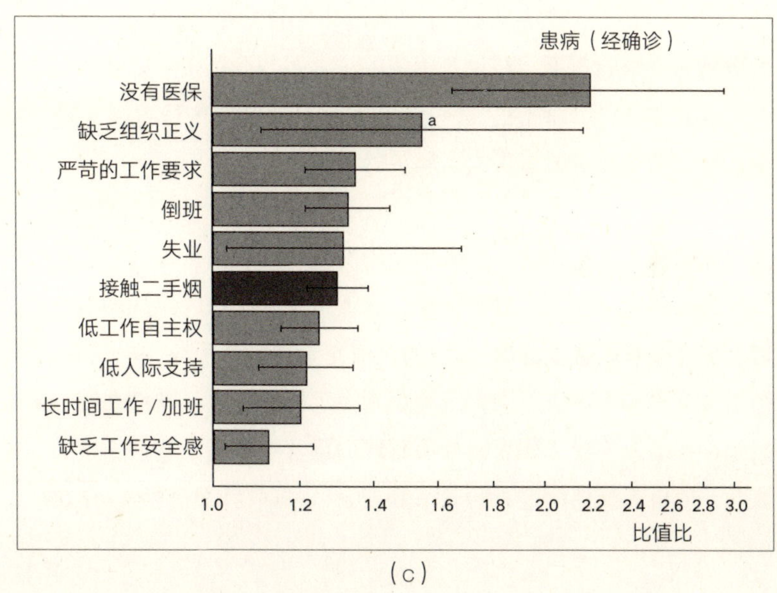

（c）

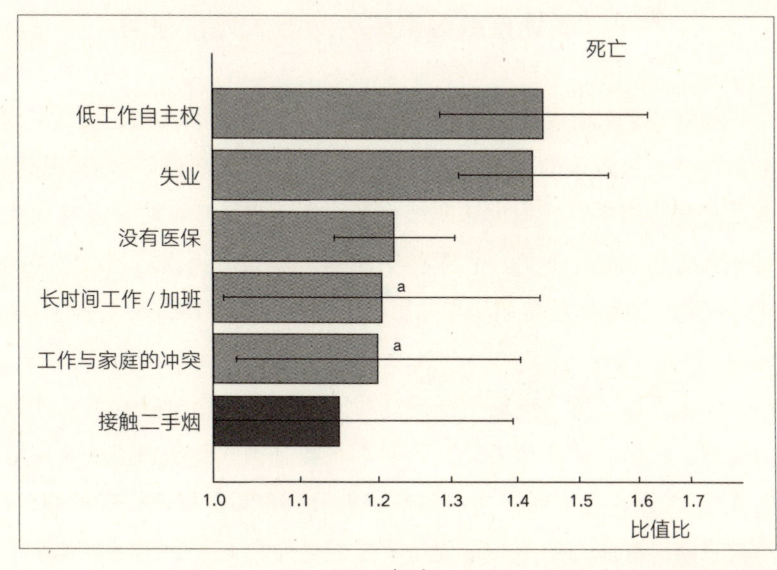

（d）

图 2-1　对比职场接触因素对健康的影响程度与二手烟对健康的影响程度

健康状态的影响程度。结论是确凿的：大多数职场接触因素对健康的影响程度堪比甚至大于二手烟。这些结果表明，假设每次只考虑一种职场接触因素，那么职场接触显著增大了雇员的健康风险。

比值比高于 1 表明，图表中列出的职场接触因素提高了人们处于消极健康状态的概率。比如，没有医保，患上被医生确诊的疾病的概率就会提高一倍。职场接触因素上标有“a”的比值比是通过两项或一项研究计算出来的，结果也许不那么可靠。误差线被用于表示标准误差，它们表明，每一组数据之间存在多少差异。如果两条误差线的重合度不高于它们长度的一半，这就表明，随机观察到的差异的概率低于 5%，即统计显著性 $p < 0.05$。

职场接触因素成为第五大死亡原因

如果一种职场接触因素的消极健康影响不太经常出现，那么它就不会引起组织或公共政策的干预。人们的健康状态既由某种导致消极健康后果的职场接触因素决定，也由该职场接触因素的流行程度决定。我和我的同事接下来要完成的任务是，估算所有 10 种职场接触因素对利益攸关的两种结果——死亡率和医疗费用的累计影响。首先，我将介绍死亡率的分析结果。

我和乔尔·戈、泽尼奥斯设计并使用了一种用于降低重复计算可能性的模型，我们的估算结果是，10 种职场接触因素每年造成的非正常死亡总人数为 12 万。为了弄清这一数字所表示的意义，我们只需知道，恶劣的、不健康的、有压力的职场环境每年造成的死亡人数，比因患有糖尿病、阿尔茨海默病、流感、肾病而去世的人更多，大致相当于 2010 年报告的死于意外和中风的人数总和。这些由疾病所引发的死亡的数据来自美国疾病防控中心。[26]

其次，我们还估算了每种职场接触因素对死亡率的边际影响，表 2-1 呈现了相关结果。需要注意的是，出于各种统计上的原因，表格中的数据加起来与我们估算的总死亡数是不一致的。

表 2-1　职场接触因素与非正常死亡人数

职场接触因素	每年非正常死亡人数
失业	35 000
没有医保	50 000
倒班	13 000
长时间工作	0
缺乏工作安全感	29 000
工作与家庭之间的冲突	0
低工作自主权	17 000
低人际支持	3 000
低公平度	—
严苛的工作要求	8 000

没有医保是造成非正常死亡人数最多的单一职场接触因素，失业次之，缺乏工作安全感再次之。倒班与 13 000 个非正常死亡事例有关，缺乏工作掌控感和自主权也是造成非正常死亡的重要因素，每年导致了 17 000 人非

正常死亡。早前的研究已经证实了工作自主权是预测心脏病突发和死亡率的重要指标，[27] 我们的研究结论与此是一致的，同时还支持了早前发表的研究成果，也表明了没有医保对死亡率的影响。[28] 在我们的数据中，有些因素的确会导致医疗费用的增加，但不会导致死亡率的提高。它们会增大人们所面临的健康风险，但不会致命。

值得注意的是，诸如缺乏工作安全感、低人际支持等社会心理因素也对非正常死亡有着重要影响。

我们的估算结果可靠吗？

在美国，每年因职场接触因素造成的非正常死亡人数有 12 万，这使得职场接触成为第五大致死原因。职场对于人们的健康和福祉真的有那么重要吗？无须过度阐述这一点，我将提供一些理由，说明为什么我相信我们的估算结果在评估职场因素所导致的死亡率方面是保守的。

杜克大学福库商学院的拉尔夫·基尼（Ralph Keeney）发表过一篇论文，他在文中称，使用数学建模法和现有数据可以发现，在 2000 年的 240 万死者中，有 100 万人的死亡是由个人决策导致的。他还表明，介于 15 岁和 64 岁之间的死亡中有 55% 是由个人决策导致的。[29] 基尼得出的结论是：与吸烟、饮食（肥胖）、锻炼和酗酒等行为有关的个人决策是重要的致死原因。

基尼认为，如果这些与健康行为有关的个人决策能够得到改善，就能降低美国人的死亡率。从本质上讲，基尼的结论与很多由机构赞助的健康改善计划背后的基本假设没有什么不同，即通过干预来影响个人行为和决策，从而影响人们的健康，降低医疗费用。然而，基尼和很多健康改善计划忽视了一个问题：诸多研究一再表明，包括工作压力在内的压力与不健康的个人行为之间存在关联，比如暴饮暴食。[30] 其他实证研究表明，压力对诸如饮酒[31]、吸烟[32]、滥用药物[33]等个人行为是有影响的。这些行为正好属于基尼在分析个人决策对死亡率的影响时所涉及的那些行为类型。

我们没有理由相信，职场压力对这些不健康行为的影响不同于任何其他类型的压力。正如本书中提到的很多例子，个人对于压力的响应方式是用药物或酒精进行自我疗愈，以缓解由不健康的职场环境造成的心理痛苦。人们会通过暴饮暴食来补偿高压工作环境带来的心理能量消耗。基尼的分析表明，个人决策每年造成的非正常死亡人数为 100 万。我们知道，压力会使得人们做出如下决策：饮食过量、缺乏锻炼、滥用药物、酗酒、吸烟。我们还知道，职场是压力的重要来源，即便算不上最重要的来源。因此，将个人决策造成的死亡人数的大约 12% 归咎于职场引发的压力，这一数据似乎是相当合理的，即便这算不上保守估计。

我们不仅观察到压力与健康状态之间的实证关系。随着时间推移，我们已经更好地了解了压力的危害性，以及压力是如何导致消极的生理反应的。我们的研究逐渐阐明了压力对疾病的影响方式，比如，“对于男性而言，长时间承受工作压力会增大患肺癌、结肠癌、直肠癌、胃癌和非霍奇金淋巴瘤的概率”。[34] 此外，我们正在逐渐理解压力与健康之间的影响机制。

我们处于进化中的祖先面临着一个充满威胁的世界。当面对某种自然界的威胁时，那些战胜了威胁的祖先就拥有了生存优势。因此，在压力因素或威胁面前，这种适应能力使得心率升高，从而使血液和氧气更有效地通过身体输送到肌肉，进而有助于逃跑或战斗。适应能力也使得人们提高警觉性和敏感度，更好地了解周围环境，并对感知到的威胁迅速做出反应。然而，这种适应性反应是一种使脉搏加速的新陈代谢反应，以应对偶发的、短期的威胁，如果应对长期压力，是不利于健康的。

我注意到，加州大学伯克利分校的社会心理学家达娜·卡尼（Dana Carney）曾在一篇论文中写道：

> 当一个人感知到对某种情况所提出的要求已经超过了他……拥有的资源，大脑就会把这种反差评估成一种威胁……如果压力反应足够强烈，那么皮质醇水平就会上升……皮质醇是与慢性压力、系统性炎症、细胞加速死亡、健康状况不佳有关的新陈代谢激素。[35]

有证据表明，尽管在面对短期的、即刻的威胁时，皮质醇水平上升是有好处的，但在响应压力时皮质醇和其他激素持续维持高水平，对健康却是有害的。[36]压力对于健康状况不佳的这些生理传导机制提供了因果解释，说明了职场压力是如何导致疾病和死亡的。

此外，已有证据一再表明，职场是一种重要的压力来源，并且导致职场压力的很多现象正在恶化，比如，随着裁员频率的增高，以及更多的雇员不得不接受短暂的、临时的劳动合同，人们越来越缺乏收入安全感。越来越少的公司将医保作为员工的福利来提供，并且很多医疗费用被转嫁给了雇员，同时自付额和共付额也一直在增长，我会在后文探讨这个问题。随着使用电脑监控工作状态和工作流程的做法越来越有效、越来越普遍，员工的工作自主权和自主性已经降低。全球竞争让工作强度变得更高，工作时间也越来越长，我会在后文详尽探讨工作时长对健康的影响。随着技术的进步，人们总能与职场产生联系，并且伴随着工作时长的增加，工作与家庭发生冲突的情况越来越多。从机场到餐饮业，企业为了能够随时满足客户的需求，运营时间越来越长，这导致倒班和不规律的工作时间变得越来越常见。越来越少的国家要求商店在礼拜天关门停业。举个简单的例子，当我 2006 年第一次来到巴塞罗那时，几乎没有商店会在礼拜天开门营业。如今，随着各行各业营业时间的延长，越来越多的商店在礼拜天营业的做法已经在很多国家变成了一种趋势。

简而言之，尽管有些企业已经在试图采取措施来改善员工的健康和福祉，然而随着时间的推移，职场压力因素变得越来越多、越来越突出。因此，我们完全有理由相信，职场压力对健康的影响是巨大的，并且正在变得越来越大。

职场接触因素造成每年 1 900 亿美元的医疗费用

正如我在第 1 章所说，在全球，医疗费用问题既困扰着雇主，也困扰着政府。对该问题的关注引发了如下重要问题：不考虑工作效率的降低和这些职场行为可能增加的其他成本，我们已经确认的 10 种职场接触因素增加了多少直接的医疗费用？

作为我们研究的一部分，我和乔尔·戈、泽尼奥斯还估算了人们身处有害职场环境所增加的成本。幸运的是，美国政府调查了民众自我报告的生理和心理健康状况，以及民众是否被诊断出患有任何严重的疾病。这项由医疗保健研究和质量局（the Agency of Healthcare Research and Quality）开展的家庭医疗支出专项调查还涵盖了一年中所有的直接医疗支出，包括自费支出以及由保险、医疗补助、联邦医疗保险和其他补助渠道支付的费用。这些数据让我们得以估算个人健康状况造成的医疗损失。

职场环境对各种健康状况指标的影响、医疗条件和自认为健康状况不佳的平均成本，综合这些信息，我们就能估算出职场接触因素造成的总成本，也能估算出每一种特定的职场接触因素造成的额外医疗费用。

我和同事估算的结果是，有压力的工作环境所增加的医疗费用每年大约为 1 900 亿美元，占美国医疗年度总预算的 5% ～ 8%。结论是确凿的：在美国，职场环境是医疗费用的重要引发因素。

表 2–2 呈现了我们对由特定职场环境造成的职场医疗费用增加的估算结果。

额外医疗支出的最重大引发因素是严苛的工作要求、没有医保以及工作与家庭之间的冲突。需要注意的是，造成医疗费用更高的因素与导致非正常死亡的因素之间不存在完全的对应关系。其原因之一，在于由职场压力因素所造成的慢性疾病使得人们更频繁地使用医疗系统，而不必然死亡。当一个人去世，他的医疗费用就终止了，这也是持续时间很长的慢性疾病通常会比突发心脏病之类的骤亡花销更大的原因所在。研究表明，裁员和失业更容易使人们突发心脏病。

表 2-2　由于职场接触因素而增加的医疗费用

职场环境	每年额外的医疗费用（美元）
失业	150 亿
没有医保	400 亿
倒班	120 亿
工作时间长	130 亿
低公平度	160 亿
缺乏工作安全感	160 亿
工作与家庭之间的冲突	240 亿
严苛的工作要求	460 亿
低工作自主权	110 亿
低人际支持	90 亿

尽管不会直接造成死亡，但诸如不公平、工作与家庭之间的冲突、严苛的工作要求、对个人工作的低自主权等职场环境中的社会心理因素，是导致额外医疗费用增加的重要因素。出于如下原因，我们的费用估算趋于保守。首先，正如我已经表明的，我们的分析只考虑了直接的医疗费用，它们来自 4 种健康状况中的一种：自我报告的生理健康状况、自我报告的心理健康状况、患有被医生确诊的疾病以及死亡。我们的分析没有考虑任何其他费用，比如，由于健康状况不佳导致的工作时间损失及工作效率降低。事实上，由诸如工作满意度低、无法在职场发挥最佳工作水平以及被压力搞得心烦等因

素所造成的间接费用，是直接医疗费用的 5 倍之多。我将在本章末分析这个问题。

其次，我们的分析只考虑了造成医疗费用和死亡人数增加的因素，而这些因素是个人独自直接面对不同职场环境时所遇到的，我们没有考虑这些因素可能对家庭和朋友产生的任何溢出效应。例如，在没有医保、工作和家庭之间发生冲突以及缺乏财务安全感的情况下，溢出效应影响到其他家庭成员的可能性似乎很高。对于直系亲属而言，有可能每个人都有医保，也有可能并非如此。工作和家庭之间的冲突除了影响家庭中的上班族，还会影响其他家庭成员。由裁员、极不稳定的薪资水平和工作时间过长造成的财务不安全感不仅会给上班族带来压力，这种压力也有可能影响到每个家庭成员。

关于医疗费用的结论与关于死亡率的结论是一样的：职场行为对企业和社会承受的医疗费用有着重要影响。这意味着，为了尽可能降低这些费用，我们有理由对职场行为进行干预。

以健康为代价是可以避免的

当我和同事将我们的研究论文交由同行评审时，一名匿名评审员提出了一个重要的想法：从流行病学研究和我们的分析中所得出的比值比，必然会将职场中不同管理行为对健康和医疗费用的影响，与一个完全不存在职场压力的世界对健康和医疗费用的影响进行比较。然而，这样一个反事实的世界是不存在的，也不可能存在。毕竟，企业面临着竞争压力，这种压力或多或少都会传递到职场中，其表现形式可能是工作时间长、工作与家庭之间的冲突、缺乏财务安全感等。在一个有活力的经济体中，这些现象的出现是很自然的，正如企业经营有起有伏，失业率也会有高有低。因此，我们只能尽量估算出一个大致的数据，表明美国能在多大程度上有效开展健康代价的预防工作。

为了回答这个问题，一种方式是将美国与可比较的、发达工业资本主义国家进行比较，后者也参与了全球经济，但在职场环境和行为上有着不同的管理制度和国家规范。在比较过程中，我们得出了一个重要结论：随着国家变得更富有，它们会将更多的收入花在健康上，并且在提升民众健康水平方面做得更好。作为增加健康投入的一部分，这些国家首先会做的事情就是，改善会导致疾病、死亡和额外医疗费用的环境因素。例如，随着国家变得更富有，它们会投资改善水环境和下水道清洁设施，从而预防由饮水导致的疾病；净化空气，改善空气污染情况，从而预防各种肺病和呼吸道疾病；积极参与疫苗接种项目，预防诸如小儿麻痹症、麻疹、腮腺炎、肺炎之类的传染病。

从某种程度上讲，随着国家变得更富裕，它们会采取预防措施，消除引发死亡和疾病的环境因素这一结论是站得住脚的。因此，我们应该可以预见，一个国家的人均收入与归咎于特定环境因素的死亡率或者人均医疗费用是呈负相关的。我们收集了西欧诸国和美国在空气污染、传染病（如肺结核）等方面的数据，以研究人均收入与死亡率之间的关系。我们之所以只考察了这两种与健康有关的环境因素，部分原因在于，其他可能是由环境因素导致的疾病和死亡，比如饮水导致的疾病或小儿麻痹症，很少在发达国家出现，所以我们无法获得这些疾病的死亡率。

果不其然，就空气污染而言，人均收入和死亡率是呈负相关的，相关系数为-0.62。同样，就结核病而言，人均收入和死亡率有强负相关性，相关系数为-0.75。

在阐明收入和由环境因素导致的死亡之间存在相关性之后，我们运用同样的逻辑考察了由职场导致的死亡率和健康成本与人均收入之间的关系，我们的预设是，至少有些职场危害是可以预防的，并且已经在发达工业国家得到了预防。我们在美国之外的其他发达国家再次发现了预料中的负相关性。就与职场环境有关的医疗费用而言，其与人均收入的相关系数为-0.75。就与职场环境有关的死亡率而言，相关系数为-0.8。图 2-2 和图 2-3 呈现了死亡率和健康与人均收入的关系，在这些数据图中，美国显然是个异类。从统计角度讲，美国显著偏离回归线，这表明，在给定国家富有程度的情况下，美国有着很高的人均收入，但美国的健康成本和死亡率也高于人们的预期。

然后，我们推演出了将死亡率和健康成本与人均收入关联起来的方程，并在用样本数据计算回归方程时排除了美国的数据。一旦解出这个方程，我们只需插入美国的人均收入数据，就能看到方程所预测的美国人的死亡率和健康费用水平——前提是该水平像我们研究的其他经合组织国家一样，在人均收入与职场行为造成的健康后果之间呈现出相同的关系。当我们将预测值与实际观测值进行比较时，我们就可以合理地估算出美国能在多大程度上针对健康费用和死亡率做好预防工作，就像其他欧洲西方国家所做的那样。

计算结果表明，相较于给定人均收入水平所预测的结果，美国每年的额外死亡人数大约有 5.9 万，额外付出了约 630 亿美元的医疗费用。考虑到我们之前估算的数据（每年大约多死亡 12 万人，多付出 1 800 亿美元医疗费），我们的分析表明，如果美国更多地采取与其他发达国家相似的做法，由职场环境因素所造成的额外死亡人数大约能减少一半，额外医疗费用有可能削减 1/3。

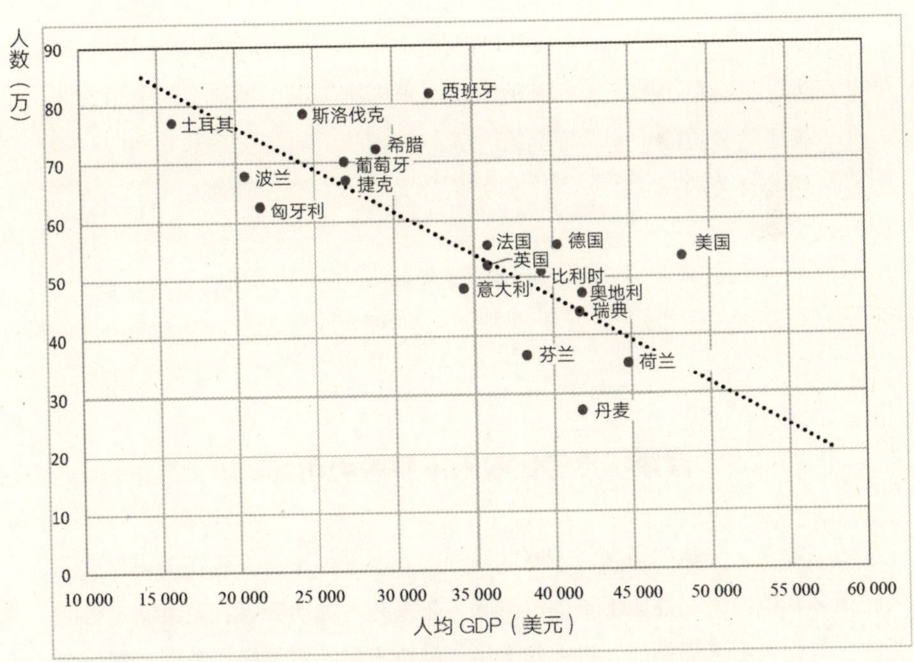

图 2-2　由职场接触因素导致的每 10 万人死亡数

数据来源：经合组织统计数据库，第五次欧洲工作状况调查，作者的分析。

注意：回归线不包括美国的数据。

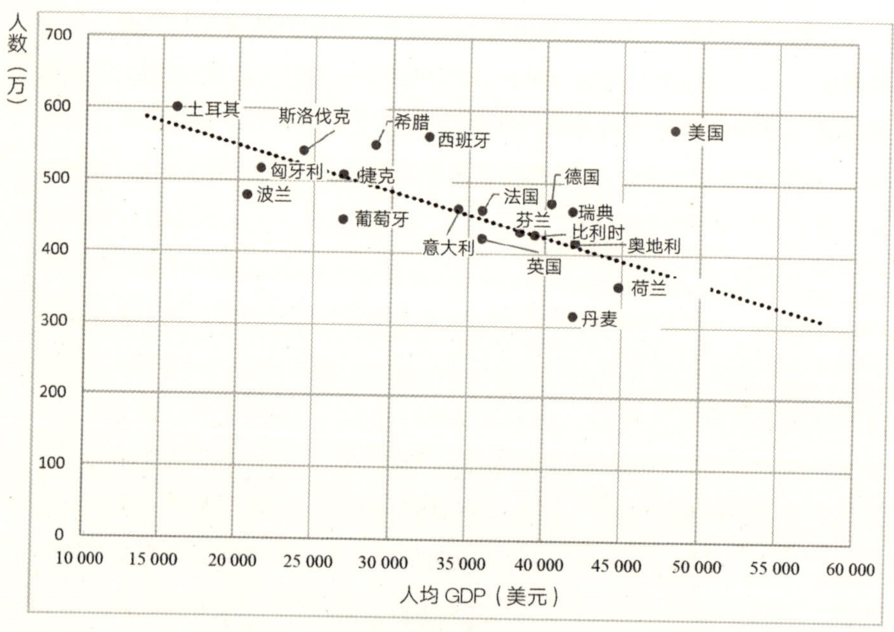

图 2-3　由职场接触因素导致的人均医疗费用

数据来源：经合组织统计数据库，第五次欧洲工作状况调查，作者的分析。

健康不平等比收入不平等更可怕

不平等是一个热门话题。不断加剧的收入不平等不仅发生在美国，也发生在很多其他国家。健康不平等也引起了越来越多的研究者和政策制定者的关注。与收入不平等类似，过去几十年，健康不平等在美国、英国和其他国家不断加剧。[37] 一项研究报告称，“2008 年，美国接受教育时间少于 12 年的成年人，其预期寿命比 20 世纪五六十年代相同类型的成年人好不到哪里去”，并且随着时间的推移，由种族和受教育水平造成的预期寿命差异已经显著扩大。[38] 在美国，“最具优势的人群和最无优势的人群有 20 年的预期寿命差距”。[39] 英国流行病学家迈克尔・马尔莫注意到，在华盛顿特区，住在地铁站附近的人群其平均预期寿命要比住在别处的人群少 1 年。[40]

出于多种原因，包括与生命、因而也与寿命有关的道德考量在内的原因，健康不平等似乎比收入不平等等其他类型的不平等更难容忍。正如牛津大学发展微观经济学家苏迪尔・阿南德（Sudhir Anand）在一次会议上就平等和健康话题所做的评论，“我们应该更厌恶……健康不平等，而非收入不平等。原因在于，保持健康的状态是一种特殊的善行，既有内在价值，也有工具价值……健康被认为是至关重要的，因为它直接影响着一个人的福祉”。[41] 十多年前，世界卫生组织决定将健康不平等作为评估“健康系统表现的一个重要维度”。这是因为，“平均成绩不再被视作一个国家在健康表现方面的一项充分指标，人群健康状态的分布情况也同样重要”。[42]

众所周知，健康状况与社会经济地位有关，存在着健康状况的社会梯度现象。尽管我们有很多理由认为，不同背景的人群其健康状况是各不相同的，但近年来人们已经越来越关注职场环境对于健康不平等的影响。[43] 正如一篇评论文章写道，“人们很早就意识到，工作更优越的成年人的健康状况，好于那些工作更卑微、报酬更低的成年人”。[44]

之前的研究尚未探明健康不平等现象在多大程度上归咎于人们从事的不同工作，而这些工作会在不同程度上接触有害的职场环境。然而，在有了必需的模型和数据的情况下，我和乔尔・戈、泽尼奥斯承担起了估算健康不平等在多大程度上归咎于职场接触因素的任务。我们估算了相关的总死亡率和健康费用，得出的推论是，能够解释不同社会人群中出现的平均预期寿命差异的一个因素在于种族不同，尤其是那些受教育程度不高的人群的职业差异。受教育程度越低，越有可能从事不提供医保的工作或倒班的工作，从而面临更大的财务不安全感，工作自主权更低，工作要求更严苛，这种现象似乎是说得通的。由于它们都能影响死亡率，工作环境的差异也许有助于解释巨大且还在不断扩大的寿命差异。

这正是我们所得出的结论。[45] 不同受教育程度或不同种族的人群的确面临着非常不同的工作环境，并且不同人口亚群体的预期寿命差异的 10% ～ 38% 可以由前述职场环境差异来解释。尽管我们的估算只选择了单一的时间点，但关于受教育程度对收入影响越来越大的研究表明，在从事何种工作方面，教育已经变得越发重要。因此，这种影响及其导致的人们接触有害职场环境上的差异，可能有助于解释不断加剧的寿命不平等现象。用盖茨基金会的话说，如果我们相信，所有生命都有同等的价值，因此所有个体理应有机会享有正常的寿命，那么我们就应该关心如何减少不同职场接触因素对于人们健康造成的差异或影响。

不健康的职场环境会增加雇主的成本

雇主也会从导致不健康职场环境的管理行为中受害。在超过 30 年的研究中，密歇根大学荣休教授迪伊·埃丁顿（Dee Edington）一直在证明两项重要的研究结论。首先，我们有可能发现那些身处有害的职场环境，健康状况从良好到不佳的人群。由于具有高健康风险的人群会产生明显更高的医疗理赔费用，[46]因此对雇主而言，明智的策略就是尽力防止员工从低风险人群变成高风险人群。埃丁顿已经注意到，“只有健康的职场环境和文化才能促进或维持良好的健康状况。这意味着，雇主……应该……创造鼓励员工养成健康生活方式的工作环境和文化”。[47] 10 种职场接触因素能够产生压力，不具备或只存在少量这些因素的职场能够拥有更健康的员工，从而减少医疗理赔和保险费用。

其次，除了少数的例外情况，一旦人们处于健康高风险状态，并患上诸如心脏病或糖尿病之类的某种慢性疾病，要想回到健康低风险状态就变得十分困难甚至不可能了。因此，埃丁顿认为，雇主应该把注意力更多地放在防止健康低风险人群变为健康高风险人群上，而不是放在控制健康高风险人群的医疗费用上。和管理中的很多其他方面一样，预防比补救花费更少，成效更好。

除了医疗理赔和医保费用，导致员工患病的职场环境至少还会让雇主面临其他三种负面后果。第一，如果员工经常生病，他们会选择离职。我曾就工作的健康影响问题进行过访谈，几乎每个访谈对象都曾因为对职场环境不满意而离开了所在单位，这一现象并非巧合。大学教授们的研究观察到了糟糕的身体健康状况与离职意图之间具有统计意义上的显著相关性，同时工作角色和家庭角色带来的压力也会导致糟糕的健康状况。[48]在欧洲，一项针对缺乏工作安全感所造成的影响的研究发现，缺乏安全感增加了员工抱怨心理健康问题的频次，并且增强了员工离职的意愿。[49]由于高离职率对企业而言代价高昂，而员工糟糕的健康状况又会导致员工离职，因此导致员工健康状况不佳的职场环境会提高离职率及其相关成本。

第二，健康状况不佳的员工会产生更高的员工赔偿费用。一项针对施乐公司 3 338 名长期雇员的、为期 4 年的研究显示，健康高风险雇员会产生更高的员工赔偿费用。该项研究还表明，员工赔偿费用的分布是相当不均衡的，费用最高的前 10% 的员工占了所有员工赔偿费用的 54.4%。[50]

第三，健康状况越糟，员工工作效率越低，这一发现应该不会让人感到惊讶。人们生病了，就会关注自身的病痛，无法集中注意力，还可能经常性地中断工作，或者向同事谈论自己的健康问题；他们可能更容易疲倦，因此就身体和心理状态而言更难完成工作。无数研究表明，糟糕的健康状况会影响工作效率。还有很多研究表明，员工因为健康问题造成的生产力损失，高于员工生病导致的直接医疗理赔费用。比如，一项针对 564 名电话客服人员的研究发现，“员工生产力指数”与员工的健康风险指数相关。[51] 一份使用了“工作局限性调查问卷”的研究报告称，对于一家大型金融服务机构的 16 651 名员工而言，糟糕的健康状况与不佳的工作表现之间存在着显著关系。[52] 我们通过对 113 篇已发表的研究论文的回顾，得出了如下结论：有充分证据表明，健康与生产力息息相关。[53]

无论是来自我们的分析，还是来自其他来源，本章所呈现的证据表明，在美国，由有害职场行为造成的额外死亡率和医疗成本都是很高的。此外，健康状况不佳的员工还会让雇主付出更多的员工赔偿费用、医疗保险费用，更重要的是，他们的工作效率可能会大大降低。如今，美国很多雇主所创造的职场环境正在让员工和雇主自己付出代价，这一状况亟须改善。

DYING FOR A PAYCHECK

第二部分

损害员工健康、影响企业效率的 3 大因素

DYING FOR A PAYCHECK

第3章

因素1，裁员，两败俱伤是必然结局

临时工、合同工和另类雇佣关系的增加

2008 年 12 月，阿塞洛–米塔尔（Arcelor Mittal）公司宣布关停一家有着 260 名工人的工厂，而这家位于纽约拉克万纳（Lackawanna）的工厂，是公司从已经破产的美国伯利恒钢铁公司那里收购的一家钢铁厂。接下来发生的事情完全在预料之中。收购三星期后，工厂 56 岁的工人乔治·库尔（George Kull）死于心脏病突发。随后，他的同事、42 岁的鲍勃·史密斯（Bob Smith），因为胸痛去看了医生。医生给史密斯堵塞的血管装上了支架，让他避免死于心脏病突发。接着，为该工厂工作了几十年的 55 岁的唐·特纳（Don Turner）也死于心脏病突发。2001 年，当伯利恒钢铁公司关闭了作为复杂设施一部分的炼焦炉之后，两名工人自杀身亡。[1]

白领的健康也会受到裁员及由此带来的缺乏财务安全感的影响。2012 年，约翰·弗格齐（John Fugazzie）在 A&P 连锁超市公司负责管理奶制品和冷冻食品。那年 10 月，57 岁的弗格齐被解雇了。由于无法找到新工作，在被 A&P 连锁超市解雇 10 个月后，弗格齐突发心脏病。[2]

本章主要关注裁员对健康的影响，而这种影响绝对是一种双输局面。有证据表明，裁员既严重影响员工的健康，对雇主也几乎没有任何明显好处。当然，裁员并不是使人们缺乏财务安全感的唯一原因，还有一些造成经济压力的其他原因也是值得一提的。

首先，临时工、兼职工和合同工对健康是有负面影响的。在所谓的极客经济时代，哪怕是有技能的自由职业者和合同工，也不确定会在何时何地找到下一份工作，因而收入面临更大的波动，即便他们在吃住等方面的财务负担并未增加。因此，灵活就业的人群总是身处“市场”之中，他们需要维持自己的市场声誉和曝光度，以确保有持续的工作。一项针对硅谷收入较高的合同工的研究发现，自由职业者并非真的那么自由，因为他们需要持续寻找下一份工作，因而闲暇时间通常比全日制雇员的更少。[3]

此外，自由职业者、兼职人员和合同工通常没有购买医疗保险或养老保险。因此，他们要面对为自己提供这些安全网的不安全感和压力。这类劳动力市场的规模正在快速增长，意识到这一点至关重要。经济学家劳伦斯·卡茨（Lawrence Katz）和艾伦·克鲁格（Alan Krueger）所做的一项调查发现，2005—2015 年，选择替代性工作的人群比例增长了大约 50%。此外，“2005—2015 年，美国经济净就业人数的增长大约有 94% 是由另类工作贡献的”。[4]

其次，对于从事更常规、更长期工作的人群而言，他们通常受雇于一个或两个雇主，有两个因素也会导致财务不安全感的增强。第一个因素是，越来越多的企业逐渐采用随叫随到的工作方式。虽然这一方式在零售业早已被广泛使用，但如今，在医院、办公室等诸多职场环境中，很多员工也发现，他们的工作时间的波动幅度同样很大，只要雇主需要，他们必须随叫随到。一项调查发现，有将近 40% 的零售业员工没有最少的每星期工作时间，有 25% 的零售业员工必须根据工作需要倒班，有时候他们还发现，他们的工作在倒班时点到来的前两小时就已经开始了。“其他数据已经表明，职场中有将近一半的兼职员工和不到 40% 的全职员工在一星期工作结束之后才知道自己工作了多长时间。”[5]

不确定的工作日程表、工作时长和工作内容，这些不确定因素对人们的生活造成了严重的干扰。正如一家国际航空公司的兼职服务人员所说的那样：“公司会事先公布倒班安排，但接着就会随意调整，而且通常只会提前两天告知，还不会征求受到该调整影响的员工的意见……这种不确定的工作日程、不可预见的工作时长对我们生活的干扰，很快就让我们难以忍受了，更令人沮丧的是，员工会觉得自己被公司当成了一台机器的零件。”[6]

企业意识到了工作日程安排带来的问题。赌场运营商凯泽娱乐公司前首席执行官加里·洛夫曼（Cary Loveman）注意到：

> 工作时间的不可预见性是人们生活中最大的压力来源。我们有很多员工是单亲家长，或者家里的父母是病人。他们必须要有保险。我们希望现有的员工人数能够匹配酒店里的服务需求……企业试图精简员工数量，近年来工作时间不可预见的情况变得更严重了。

工作时间不确定所导致的种种不良后果，已经促使美国有些州和城市提议立法和采取监管措施，确保企业明确告知员工工作时长。鉴于工作时间安排问题使企业付出的代价——高离职率和员工对工作的低满意度，有些企业已经主动执行了更多以员工为中心的政策。比如，全食超市公司会提前两周公布排班表，并禁止管理者在最后一分钟做出修改；沃尔玛引进了一种系统，“允许员工自己选择工作时段”；[7] 在凯泽娱乐主要负责改进客户服务质量的洛夫曼“禁止几乎总是在最后时刻才发生的排班调整情形”。他告知管理者，“你不能这么做”，让管理者意识到，管理者必须言而有信。被人们视为拥有最佳工作场所的零售商已经意识到这个问题的重要性，它们为员工提供了稳定、有规律的工作时间。在职场和健康之间的关系上，我们已经看到很多例子，它们表明对员工有益的，对雇主同样有益，比如企业的离职率更低、员工素质更高、员工投入度和表现更佳。

引起不安全感和压力的第二个因素是员工总觉得自己处于严密监视之中，这一点对于全职员工也适用。人们觉得自己总是在被管理者评估和评价，一旦自己的表现一时半会儿不合管理者的预期，就有可能被解雇。职场文化的宽容元素太少，管理者对于员工在工作表现上总会出现的很自然的波动现象缺乏耐心，或者缺少宽容。我们的研究回顾注意到，尽管工作表现通常被视为一种静态的、类似性格一样的东西，有“高绩效者”和“低绩效者”之分，但“近来，研究人员承认，员工个人在工作表现上的短期波动是很明显的，也是有其价值的……相关研究估算的结果是，有将近半数的员工会有工作表现上的波动”。[8] 如果用一种严苛的绩效评价文化看待发生在个体身上的很自然的工作表现波动，其结果就是对员工施加不该由其承受的惩罚。

有一名工作繁忙、常与高科技和风险投资行业从业者打交道的高管教练曾告诉我，她有很多在职场非常成功且拿着丰厚薪水的客户都觉得自己“被枪顶着脑袋”，面临很大的工作压力。这种状况在甲骨文、赛富时和亚马逊之类的公司中尤其如此，它们的高压工作文化是出了名的。这些绩效压力所引发的一个后果是工作时间过长以及随之而来的健康影响问题，对此我们将在第 5 章探讨。另一个后果是，这名高管教练的这些客户不愿意离开公司，与公司脱离联系，而这种行为反过来又增加了他们工作和家庭之间的冲突和压力。还有一种后果是职业关系上的不安全感和不稳定感。

我在第 2 章简要提到过，我与泽尼奥斯和乔尔·戈所做的研究估算出，因为缺乏财务安全感，美国每年的非正常死亡人数为 2.9 万人；因为失业及其带来的影响，美国每年的非正常死亡人数为 3.5 万人。这些实证性估算结果意味着，美国每年有超过 6.4 万人因为失业或经济压力及缺乏工作安全感而死亡。[9]

裁员以及临时工、兼职人员和合同工等雇佣关系带来了财务不安全感，而这些现象在当代劳动力市场中正逐渐变得司空见惯。社会学家阿米·卡勒伯格（Ame Kalleberg）在对美国劳动力市场现状所做的全面研究中注意到，“雇佣关系已经变得越来越有害和不安全”。[10] 有诸多指标支持这一论断：人们对财务不安全感的感知与失业率和整体的劳动力市场现状有关，尽管这一点并不奇怪，但即便在统计上剔除失业率这一因素，1977—2006 年，人们“察觉到失业风险在提高的概率”每年提高了 1.5%。[11] 2008 年经济衰退发生之前，《纽约时报》的经济专栏作者路易斯·尤奇特尔（Louis Uchitelle）就已经记录了裁员现象逐渐增多、裁员手段被过度使用的情况，以及随之而来的严重后果。[12] 一篇关于裁员的文献综述指出，始于 2007 年 12 月的经济衰退造成了超过 650 万个就业岗位的损失，在全球多个国家，裁员成为司空见惯的现象。[13] 随着劳动力市场变得更具"弹性"——实际上这个词的真正意思是雇员面临着更大的风险，甚至包括日本在内的过去崇尚更稳定的雇佣关系的国家，其裁员现象和带来财务不安全感的其他雇佣现象也增加了。

相比于以往，出现在卓越职场研究所（Great Place to Work Institute）相关榜单上的"最佳雇主"们，会明确或暗示承诺长期雇佣关系、倡导不裁员企业文化的越来越少。沃顿商学院教授彼得·卡佩利（Peter Cappelli）注意到，企业的平均雇佣期正在缩短，这一现象在男性员工身上尤其明显，用他贴切的术语来讲就是，如今存在着一种"职场新政"，这种新政意味着，相比于以往，在多数企业中，多数员工面临的雇佣关系更具交易性、不稳定性，人情味更淡。[14]

世界就业联盟（The World Employment Confederation）对自己的定位是，"为全球的就业状况发声，是全球 50 个国家的劳动力市场推动者，汇聚了 7 家最大的提供劳工解决方案的国际性公司"。[15] 该联盟在 2016 年 9 月发表了白皮书，描述了一个新的职场世界。[15] 我们摘取了其中的一些亮点：

- 1987—2015 年，随着印度和中国加入全球市场经济，全球就业人数实现了翻倍；
- 新技术促进了更灵活的就业方式，人们可以在非常规工作时段工作，也可以跳出地域限制，在任何地方工作；
- 有工资或薪酬的工作大约只占全球就业人数的一半，而在南亚和撒哈拉以南的非洲，这一比例大约只有 20%。

尽管世界就业联盟将这些趋势视为积极因素，认为有助于促进经济增长以及扩大劳工中介机构的覆盖面，但只提供较少保护和福利的临时工、合同工和另类雇佣关系显然在不断增多。

缺乏财务安全感是一种压力，这种压力会对身心健康造成负面影响。我们毫不惊讶地发现，研究一再表明，在安全感较低、雇佣关系更短暂的职场中工作，对人们的身心健康是有害的。这一点不只适用于那些直接面临财务不安全感的人群，由于社会传染效应，那些与缺乏财务安全感的人共事的人会觉得安全感更低，这表明缺乏工作安全感对相关和非相关人群的影响是一样的，[16] 它会同时对临时雇员和终身雇员造成负面的健康影响。这些影响甚至也会发生在有着完善的社会福利和收入保障政策的国家。

例如，一项对瑞典大约 900 名雇员的长期研究发现，从事临时工作的人群自认为身体和心理状况更糟糕的概率更高。[17] 一项在韩国所做的研究发现，工作不稳定感对人群的健康影响堪比吸烟。[18] 一项元分析得出结论说，缺乏工作安全感既影响身体健康，也影响心理健康，并且毫不奇怪的是，对心理健康的影响更大。[29] 一篇论文在回顾了关于缺乏工作安全感所造成的健康影响的一项实证研究之后得出结论，“政府应该出台干预政策，以缓解工作不安全感，改善人们的健康，减少健康不平等”。[20] 当然，实际情况是：相反的趋势正在发生，不稳定和有害的雇佣关系正在逐渐增多。

缺乏财务安全感导致人们觉得自己缺乏对生活的掌控感。一项采用了实验和现场调查数据的研究发现，缺乏财务安全感与止痛药服用量增加有关，并且真的会造成身体疼痛，降低疼痛耐受力，而缺乏生活掌控感为这些影响提供了一种机理上的解释。[21]

尽管下面的回顾将表明，裁员对健康和死亡率有很大的影响，但实际上，任何造成财务不安全感的因素似乎都对健康有负面影响。

裁员影响员工健康的 3 个证据

裁员对人们的身体和心理健康都没有好处。裁员引发了财务不安全感，而这种感受本身就是一种压力。在美国《平价医疗法案》出台之前，员工是否享有医保通常是由雇主决定的，一旦裁员，失业员工就无法享有医疗保障，而缺乏医疗保障又会对健康造成负面影响，我将在下一章探讨这个问题。裁员还会影响人们的自我价值感，因为被解雇意味着没有能力为自己和家人提供经济保障，并且失业还会损害人们的社会地位。

裁员不仅会给那些被裁掉的员工带来身心健康问题，正如之前提到的，缺乏财务安全感和失业同样会对那些没有被裁掉的人造成影响，他们甚至至少也面临两种负面影响。首先，更经常看到裁员情况发生的员工表示，他们有更大的财务不安全感，因为他们想知道自己是否会成为下一次裁员的牺牲品，以及裁员能否终止以及在何时终止。[22] 其次，正如针对享有医保的员工的研究所表明的那样，被裁员工实际承担的工作量大于他们应该承担的，这意味着幸免于被裁掉的员工将承担更重的工作负担，而这种负担会增大员工压力。[23]

关于裁员对健康的负面影响，有人提出了相反的观点，他们发现，失业也许对健康还有一些积极影响。在他们看来，由于人们在日常生活中遇到的很多压力来自工作，“因此，减少工作时间也许会减少由压力引发的疾病”。[24] 此外，当人们不再拥有工作，他们就会有更多时间开展健康的活动，比如追求个人爱好、健身。

尽管我们难以否认失业可能会带来以上积极效应，但回顾与经济衰退效应有关的文献，我们所得出的结论依然是，“很多研究表明，不令人满意的工作和财务困境增加了心理和行为失调的风险”，包括酗酒、药物滥用和自杀事件的增加。[25]

裁员所导致的健康代价大多由那些被裁掉的员工和整个社会，而非裁员的企业承受。这是因为一旦被裁员，人们就不再出现在企业的名单中，失去了由企业提供的医保，或者不再受益于雇员互助计划。裁员不仅会使社会付出代价，比如在死亡和健康方面支付巨额费用，而且没有充分的证据表明，裁员有利于企业经营。我们将会看到，并非所有企业最初都是因为经营问题而裁员。相反，那些试图留住员工的企业不仅通常有更好的经营表现，而且有助于减少员工和整个国家的生命损失，以及减少由裁员之类的具有人际破坏性的行为对人们身心健康造成的负面影响。

裁员造成的健康影响并不像看上去那样简单。这是因为即便人们能够观察到糟糕的健康状况与裁员之间存在关系，但还是难以排除另一种可能，即失去工作是员工健康不佳造成的，而非失去工作导致了员工健康状况不佳。尽管各种法律法规会出于健康原因保护人们免受失业之苦，但执法结果良莠不齐。我所概述的某些研究解决了这一因果推理问题。这些研究采用了由专家小组设计的方法，让我们知道了哪个是因：是糟糕的健康状况还是裁员。这种方法的假设是合理的，即一件事在因果上引发了另一件事，那么原因必定出现在结果之前。如果裁员发生在糟糕的健康状况出现之前，那么说健康问题导致了裁员就是讲不通的。一旦一家工厂关闭，所有员工都会失去工作，因此不可能出现糟糕的健康状况导致员工被裁掉的情形。

正如下文所简要总结的，有充分的证据表明，裁员对于健康有负面影响。此外，这些研究不仅来自美国，而且来自拥有更强大的社会保障网络和更多劳工保护政策的国家，比如，芬兰、丹麦和新西兰。所有研究都得出了一致的结论。不同的国家拥有相似的情况，这一事实表明，无论社会服务水平和政府提供的支持力度如何，裁员大多会对健康以及与其相关的医疗费用产生影响。并且有些研究表明，无论裁员何时何地发生，都会对健康造成危害，裁员的负面影响甚至延续到人们找到新工作后。

证据 1，裁员会提高死亡率

很多研究表明，相较于没有被解雇的人，被解雇的人死亡风险更大。有些研究已经开始探究造成这种后果的原因。例如，被解雇增加了自杀风险；被解雇增加了长期失业风险。找到一份新工作通常是很难的，很多研究“提供了确凿的证据，表明长期失业对健康和福祉有负面影响”。[26] 这些研究覆盖了很多不同的国家，还采用了不同的研究方法。

新西兰的研究人员对 1 945 名失业人员进行了 8 年的跟踪调查，他们的失业是由一家肉厂关闭造成的，同时，研究人员将失业人员与邻近一家仍在运营的肉厂的 1 767 名工人做了比较。即便调整了年龄、性别和种族等因素，那些失业人员发生自我伤害事件的概率仍然高出了 2.5 倍，他们因为被确诊患上心理疾病而被送进医院的概率高出了 17%。[27]

在瑞典进行的一项研究对在 1987 年和 1988 年关闭的每一家公司的员工进行了跟踪调查，这些公司在关闭前至少拥有 10 名员工。在失业后的 4 年内，男性失业者的整体死亡率提高了 44%。而无论失业者是男性还是女性，与自杀和醉酒有关的死亡率几乎都提高到原来的两倍。[28]

另一项研究对出生于 1953 年的近 9 800 名丹麦男性进行了跟踪调查，以了解这些人在 40 ～ 51 岁经历人生重大事件时会发生什么。经历过一次失业的丹麦男性的死亡概率，比那些从未经历失业的男性高出 44%。该研究还考察了长期亲密关系或婚姻关系破裂对健康的影响，发现关系破裂也增加了死亡风险，但令人意外的是，关系破裂与失业无关。实证研究结果表明，失业所带来的死亡风险增高，不能归咎于由失业造成的亲密关系破裂。[39]

在美国开展的一项研究考察了宾夕法尼亚州男性员工在 1974—1991 年的就业记录和 1974—2002 年的死亡记录，这些数据来自官方提供的死亡、个人收入和就业信息。与大多数考察死亡原因的研究类似，该项研究对年龄和收入等因素做了统计控制，发现人们在失去工作后的头几年，死亡率提高了 28%，然后在接下来的 20 年里，死亡率提高的比例稳定在 15% ～ 20% 的区间。研究表明，大多数情况下，失业对死亡率提高的影响与失业对收入的影响有关：失业员工随后的收入出现了永久性减少。这一研究结论与最近一次金融危机期间劳工市场的状况完全吻合，失去工作的人们很难找到新工作，即便找到了，他们也很有可能获得比以往更低的工作时薪、更短的工作时长。该研究的作者注意到，他们对裁员造成的死亡率提高数据的估算意味着，在 40 岁失业的人预期寿命会减少 1.5 年。[30]

注意到如下现象是至关重要的：研究人员对裁员和失业对自杀造成的影响的估算结果，与人口整体死亡率并不冲突。关于失业对健康的影响、收入水平与死亡率和健康不佳存在负相关性的大量研究文献，以及对裁员会提高死亡风险的研究，均描绘出了一幅得到大量证据支持的画面：裁员是致命的。

证据 2，失业会导致健康欠佳

来自纽约州立大学奥尔巴尼分校的社会学家凯特·斯特鲁利（Kate Strully）采用了美国收入动态定群追踪研究机构（PSID）的数据，考察了失业对健康的影响。她区分了三种失业情况：第一种是因为工厂或公司倒闭，所以失业与员工的工作表现无关；第二种是被裁员；第三种是自愿离职。斯特鲁利从研究一开始，就在对健康状况的分析中控制了年龄、种族、性别、家庭收入和教育程度等所有这些可能会影响健康的因素。除了考察自我报告的健康状况之外，该研究还让受访者回答：如果他们被医生告知自己患上了某种疾病，那么他们认为会是什么疾病。斯特鲁利发现，“如果将处于健康状态作为基准线，那么因为公司倒闭失去工作，会让受访者认为自己健康状况一般或者欠佳的概率提高大约 54%，让失业者出现新的健康状况的概率提高 83%”。[31] 那些已经找到了新工作的人也会在某些方面遭受负面的健康影响，斯特鲁利写道：“我们在调查时发现，已经找到新工作的受访者出现新的健康状况的风险增大了 97%。”[32]

1992—2010 年，一项针对心脏病的研究对 1.3 万多名成人进行了跟踪调查。该研究发现，将近 70% 的受访者在此期间有过一次或多次失业经历。经历失业的次数越多，患心脏病的风险就越大。那些只有一次失业经历的人患心脏病的概率，比没有失业经历的人高出 22%，而有 4 次或者更多失业经历的人患心脏病的概率，比没有失业经历的人高出 63%。即便在统计上控制了吸烟、饮酒和糖尿病等个人因素，这些结论仍然成立。[33]

裁员还会对成功保住了工作的员工造成负面影响。他们会面临更严重的财务不安全感和心理压力，因为他们不知道自己是否会成为下一个牺牲品。正如诸多研究所表明的那样，多数公司在裁员的同时并没有减少以前由这些员工所承担的工作量，结果，保住了工作的员工发现，他们要做更多的工作，以弥补被裁员工留下的缺口。公司完成了一轮裁员后，留下来的员工疲惫感会加强，工作压力通常也会加大，这给他们的健康造成了负面影响。

关于裁员的影响，20 世纪 90 年代初，研究人员在芬兰拉伊西奥（Raisio）市做过一项更为严谨的分析性研究。当时，芬兰经历了一次严重的经济衰退，1990—1993 年，芬兰城镇的就业人数下滑了 12%，而总人口失业率从 1990 年的 3% 飙升到 1993 年的 16%。一项始于 1990 年的对一群雇员的前瞻性研究阐明了裁员的影响，比较了裁员规模较大的公司员工与裁员规模较小的公司员工之间的行为差异。研究发现，因为生病造成的缺勤比例，前者是后者的两倍多，并且裁员造成了吸烟的流行。而且正如人们所预料的那样，裁员导致了工作量的增加，增强了财务不安全感，这也有助于解释裁员对缺勤和吸烟行为的影响。[34]

关于裁员对死亡和健康的影响，大多数研究聚焦在被裁员工身上，只有少数聚焦于面临更大财务不安全感和工作量的“幸存”员工。这当然是可以理解的。然而，裁员行为本身就会带来压力，这种压力甚至会对负责裁员的管理者的健康造成负面影响。而这正是一项针对 410 名管理者所做的研究得出的结论。2000—2003 年，在这群管理者中，有些负责处理过裁员事件，有些则没有。相比没有处理过裁员事件的管理者，那些发出了裁员通知的管理者报告了更多的健康问题，使用了更多医疗资源来改善由此造成的健康问题，他们的睡眠质量更差，辞去工作的意愿更强。研究进一步发现，发出裁员通知之所以会对管理者的健康造成负面影响，在于情感耗竭。[35]

证据 3，裁员会增加职场暴力

裁员不仅会增大那些被裁员工的死亡风险，裁员对于职场暴力的影响，也会增加那些做出裁员决定的人和无辜者的死亡风险。这里可以举诸多案例中的一个。2008 年 11 月 14 日，吴京华（JingHua Wu，音译）被一家位于加州山景城的半导体创业公司解雇。他返回公司总部，要求与公司三位高管对话。在会议室，他掏出枪，射杀了首席执行官、负责运营的副总和另一位高管。[36]

职场暴力并不罕见，受此影响的人数也不算少。1992 年，美国疾控中心（Centers for Disease Control）宣布，职场谋杀已经成为一个严重的公共健康问题，每年有超过 800 人死于职场谋杀。[37] 随着金融危机的爆发，仅在 2007 年和 2008 年，职场自杀事件上升了 28%。在参与调查的人群中，超过 1 000 人表示，在之前 12 个月中，至少遭受过一次职场暴力。这占了受访者的 50% 以上。[38]

加州大学伯克利分校公共健康学院教授拉尔夫·卡塔拉诺（Ralph Catalano）针对财务不安全感造成的各种影响做过广泛研究，其中就包括职场暴力。他的一项研究发现，“那些在第一次采访中从未有过暴力行为的受访者，如果在第二次采访前被公司裁掉，他们当中声称自己实施过暴力行为的人数是未被裁掉的受访者的 6 倍。在控制了年龄、性别、社会经济地位、种族、婚姻状况、是否患有能在临床上确诊的精神疾病等因素后，这一影响仍然存在”。[39] 另一项研究发现，裁员和精神疾病发病率之间存在关系，裁员率更高的社区其居民发病率是裁员率较低的社区的 2 倍。[40]

互联网上有很多失业引起的暴力事件的案例，还有如何处理好裁员从而减少暴力事件的建议。这些建议包括不要在星期五裁员，或让负责安全的工作人员随时在现场，随时可用，并将那些被裁掉的员工护送出办公楼，确保他们没有办公室的钥匙、没有进入办公室的其他办法，等等。裁员会激起强烈的情绪反应，这些反应包括自杀、肢体冲突甚至夺走他人的性命，受害者中，那些负责裁员的人首当其冲。

对抑郁和焦虑的研究一再发现，相比于就业状况稳定的人，失业者自认为有病症的概率高出 15%～30%。[41] 研究人员猜测，抑郁、焦虑和失业的压力会提高个人做出不健康和有害行为的概率，而实际的研究结论完全印证了这一猜测。这些采用了严谨方法的研究表明，处于失业状态会加大对酒精[42]和其他药物[43]的使用量。例如，一项研究报告说，失业超过 20 周的瑞典男性饮酒量会翻倍，酗酒人数会增长 4 倍。[44] 某项研究显示，伴随失业出现的药物滥用风险在那些之前已有饮酒或药物服用史的人身上体现得尤为明显：如果失业者有不健康行为的“前科”，那么失业压力会使得他们尤其容易重蹈覆辙。[45]

这项研究表明，个人行为，包括饮酒、药物滥用、暴饮暴食在内的有害行为是受处境影响的。处境能对行为产生影响，这是社会心理学的一项基本原理。所以，失业既会对健康造成直接的负面影响，也会使失业者在失业后做出诸如药物滥用、酗酒等不健康的行为而进一步损害健康。

裁员无法改善经营业绩的 4 个原因

如果裁员能改善公司业绩，那么公司从裁员中获得的经济利益，势必会超过裁员导致的员工在身体和心理健康方面付出的代价，以及由裁员增加的医疗费用。然而，即便如此，人们仍然会担心，这是否算得上一项社会最优决策，因为降低薪资带来的经济利益大多数流向了有裁员行为的公司，而与裁员有关的成本却大多由整个社会和受到影响的个人来承担，因此，成本与收益之间存在不匹配的情况。那些不承担裁员行为所造成的全部成本的公司有可能会频繁使用裁员手段，就像他们会从事性价比高的行为或者获取性价比高的资源一样。受到影响的员工总是会青睐限制裁员以及限制劳动力市场过度灵活的政策，因为他们没能从裁员中获得任何好处，这些好处全让他们的前雇主拿走了。

就此而言，情况甚至变得更糟了。有大量证据表明，裁员对公司绩效有影响，但这种影响与人们的惯常认知并不完全一致，也就是说，几乎没有证据表明，裁员能为公司带来好处。相反，有大量证据表明，裁员对公司是有害的。

一方面，裁员大幅增加了公司的成本。科罗拉多大学教授韦恩・卡西欧（Wayne Cascio）列举了诸多相关成本：支付遣散费、未休假费用和病假工资、再就业补助、更高的失业保险税；业务好转后重新雇用员工的成本；“幸存”员工士气降低，不敢承担风险；来自受到伤害的员工或者前员工的潜在法律诉讼，他们可能会破坏公物，甚至诉诸职场暴力；企业档案和知识遗失；员工对管理层的信任度下降；工作效率降低。[46] 另一方面，裁员通常违背了心理上的互惠原则和契约，即员工的工作表现和忠诚应该受到奖励，因而裁员会导致“幸存”员工的工作主动性和参与度降低。

裁员通常不会为企业带来经营上的好处，因为它本身很少能解决真正的经营问题，比如产品质量问题、生产效率问题或市场接受度问题等。在多数情况下，身处困境的公司所面临的问题不是成本太高，而是收入不足。通常而言，努力削减成本只会降低品牌的市场价值，从而使公司失去更多客户群体，导致收入不足的问题更加恶化。这是一个恶性循环：企业的开支越少，客户“叛逃”的概率越高，进而企业又必须通过进一步削减开支来弥补下滑的收入，如此往复。

美国航空业为这种恶性循环提供了绝佳例证。2000—2007 年，美国航空公司提供的以全价票、商务舱或头等舱单程票为代表的高端航线减少了 47%，与此同时，私人飞机提供的航线数量却在增多。2000 年，私人航线仅占高端航线的 15%，到了 2007 年，这一比例达到了 40%。也许，这种变化在一定程度上受到了 2001 年“9·11”事件的影响，反映了高端旅客对飞行安全的担忧和重视。然而，密歇根大学发布的“美国客户满意度指数”显示，航空业在这一调查中一直表现不佳，其客户满意度通常只比移动通信运营商稍好。航空业一方面在增加成本，另一方面却在削减服务。没有哪个行业在失去将近 50% 的收入贡献度最高的客户之后，还能保持繁荣。

其他数据也支持这一观点，即航空业的问题是由客户流失导致收入减少造成的，而非由成本过高造成的。国际航空运输业协会于 2008 年发布的一项调查显示，由于飞行变得令人如此不快，人们的飞行次数减少了。该调查估计，这导致行业的当年收入减少了近 100 亿美元。在一个运营成本基本固定的行业，某一航班乘客增加所提高的边际成本是非常低的，收入的增加对于创造行业利润而言至关重要，哪怕是在 2008 年经济衰退的大环境下，情况仍然如此。

如果裁员对于经营业绩没有积极影响，那么从逻辑上讲，经营业绩反过来也不应该成为裁员的重要预测指标。缩小规模和裁员是由其他因素造成的。这正是阿特·布德洛斯（Art Budros）在考察 1979—1994 年《财富》100 强公司所执行的裁员计划时发现的情况。[47] 布德洛斯的结论是，公司是否裁员会受到已经有多少其他公司执行了裁员计划的影响，即“采用效应”或“模仿效应”，同时，还会受到政策管制放松和行业文化的影响。布德洛斯之后开展的研究一再表明，经营业绩与裁员之间不存在显著关系。[48] 其他学者也得出了类似的结论，有证据显示，如果类似的、具有可比性的参照公司执行了裁员计划，就会使其他公司裁员的概率增大。[49] 换句话说，相比于经营业绩或者由糟糕业绩所提出的效率要求造成的影响，制度背景和对其他公司行为的简单模仿对裁员计划的影响更大。

裁员与股价

关于裁员对股价的影响，大多数研究使用的是“事件研究法”，这种方法可以评估相较于同一时间段的其他公司，那些准备实施裁员的公司在公布裁员消息后其股价是否会出现显著上涨。有证据强有力地表明，宣布裁员往好的方面来说最多只能产生中性效应，而最常见的情况是，会对股价和股东回报产生负面影响。对 1979—1997 年的 141 份裁员公告所做的一项研究显示，宣布裁员的公司其股价出现了下跌，而更大规模裁员和永久性裁员则会对股价造成更大的负面影响。[50] 对 1990—1998 年的 1 445 份裁员公告所做的另一项研究同样显示，裁员对股价有着负面影响，裁员规模越大，负面影响越大。[51]

有一项研究比较了美国公司和日本公司在宣布裁员消息后的股价表现，结果研究人员在这两个国家都观察到了股价显著下跌的现象。[52] 20 世纪 80 年代，一项针对 80 年代在多伦多证券交易所上市的加拿大蓝筹公司的 214

份裁员公告所做的研究发现，在裁员公告发布之后的三天内，作为对该消息的回应，公司股价下跌了大约 0.5 个百分点。[53]

有研究人员对 12 项研究做了回顾，考察了裁员对股价的影响，得出的结论是，“平均而言，裁员公告对股价有负面影响”，在这 12 项实证研究中有 9 项显示了这种影响。[54]

从某种程度上讲，在宣布裁员后股价应该下跌，这一想法并不令人惊讶，因为裁员通常意味着企业经营不善。一项针对裁员对股价影响的研究考察了不同的裁员理由对股价的影响是否有所不同，发现那些声明裁员是为了应对需求减少的公司其股价出现了下跌，而那些声明裁员是为了提高运营效率的公司其股价则未受影响。[55]

裁员与盈利能力

卡西欧研究了入选标准普尔 500 指数的上市公司在 1982—2000 年的盈利能力。他发现，那些实施过裁员的公司其盈利能力低于那些未实施过裁员的公司。另一项研究考察了 122 家公司，并对它们实施裁员之前的盈利能力做了统计上的控制。结果发现，裁员降低了公司随后的盈利能力，并且裁员的这种负面影响对于那些需要投入大量研发的公司尤其明显。[56] 有的公司可能会偏向于支持裁员，因为公司及其高管不愿意承认他们在经营上犯了错，美国管理协会（American Management Association）的一项调查评估了公司对裁员效应的认知度，结果发现，只有大约一半的公司表示，裁员增加了它们的运营利润。[57]

裁员与工作效率

美国管理协会的这份调查还发现，只有 1/3 的公司表示，裁员对员工工作效率的影响是正面的。[58] 一项研究评估了 1977—1987 年工作效率发生的变化，它所使用的数据来自制造业数据官方普查机构所覆盖的超过 14 万家美国企业，结果发现，工作效率提升幅度最大的公司更有可能增加而非削减员工数量。该项研究得出结论认为，20 世纪 80 年代期间出现的工作效率提升不能归功于公司精简员工的举措。[59] 沃顿商学院教授彼得・卡佩利观察到，公司实施裁员后，其单位员工成本降低了，但单位员工收入也下降了。其中单位员工成本是一个衡量劳动效率的指标，单位员工收入衡量的则是劳动效率和公司盈利的能力。[60]

裁员并不总能提升工作效率的一个原因在于，当裁员消息公布时，通常最优秀、最有能力的员工会选择离职，而能力不那么强的员工则留了下来。另一个问题在于，相比于留下来的员工数量，有时候公司需要更多的员工去做本应由被裁员工承担的工作，于是公司又不得不以合同工的方式将被裁员工招回来。这种做法在成本收益上并不是很划算。在已经支付了遣散费后，公司再把已经解雇的员工聘请回来，不仅要支付返聘员工薪水，还要支付其他费用。美国管理协会的一项调查发现，在实施了裁员的公司当中，有 1/3 会以合同工的方式返聘部分被裁员工，因为公司仍然需要他们的技能。[61]

裁员与创新

裁员对公司的创新能力有若干负面影响。首先，伴随裁员而来的恐惧会降低员工承担风险的意愿，而这种意愿是创新所必需的。其次，员工离职会使公司内部已有的关系网络受到破坏。实现创新意味着要探索知识，整合诸如产品设计、生产、销售、市场推广等各种职能行为，在公司内部传播专业知识，让创新项目落地。现有社会关系网络的破坏使得这些过程更难迅速而高效地完成。

因此不难理解，为什么研究发现裁员阻碍了创新。针对葡萄牙 200 多家公司所做的研究表明，裁员减少了创新。[62] 一项对一家大型高科技企业在实施大规模裁员之前、期间和之后的创新环境所做的考察显示，随着裁员的实施，该企业的创新能力和工作环境中最有益于创新的因素被削弱了，尽管这些能力和因素在裁员完成之后多少有所恢复。[63]

几乎与所有决策一样，裁员具有反馈效应。证据表明，包括员工恐惧感和疏离感的增加、工作努力程度的降低在内的反馈效应，通常会抵消由裁员削减的成本所带来的任何积极的直接效应。对多项研究进行概要分析所得出的结论是，"裁员会导致'幸存'员工的工作参与度和对组织的认同感降低，这已经成为一个共识"，并且"裁员会削弱创新能力""对质量改进的不同方面都会产生负面影响""导致工作绩效的其他方面出现显著下滑"。[64] 正如管理学作家加里·哈默经常注意到的，裁员的公司很难获得成功。裁员只会让公司规模变得更小，而不能让经营变得更好。正如我们已经看到的那样，裁员并不意味着会让公司更能满足客户需求，并不能使公司的生产和经营效率更高、创新能力更强。

当公司开始裁员时，如果员工还有其他选择，那么他们很有可能会选择离职；如果无法加入一家更好的公司，那么他们会在茶歇室说长道短，从同事那里获得人际支持。假如公司正巧需要有才能的员工付诸努力来改善经营，那么裁员只会让有才能的员工选择离开，导致留下来的员工充满焦虑而非动力。这也是为什么几年前时任空气产品公司（Air Products）首席执行官哈普·瓦格纳（Hap Wagner）会告诉我，“我们花了两个月来决定实施裁员，花了两周来执行裁员，却花了两年才从裁员中恢复过来”。在始于 2008 年的经济衰退期间，霍尼韦尔（Honey Well）的首席执行官戴维·科特（David Cote）曾发表设法避免裁员的评论：“大多数管理者通常会低估裁员带来的负面影响，而高估降低的成本，裁员会困扰企业的每个员工至少一年的时间。”[65]

如果裁员对公司没有好处，那么抛开裁员是一种流行的被社会接受的现象不论，人们可能想知道，为什么公司还是会裁员呢。也许一项考察了裁员与高管薪酬关系的研究提供了部分答案。在宣布裁员的前一年，公司支付给高管们更高的薪酬，并且加薪幅度大于同时间段未宣布裁员的公司高管。[66]

证据表明，裁员通常无助于公司得到更好的结果，反而会伤害员工，导致他们产生心理压力、患上身体疾病，甚至死亡。

企业其实不必诉诸裁员

2001 年 9 月 12 日，星期三，美国上空没有一架客机在飞行。在两架飞机撞上世贸中心、一架飞机在宾夕法尼亚坠毁的当天，人们并不清楚，空中旅行何时才能恢复，也不知道当航班恢复时，会出现什么样的运营和后勤保障状况，即是说，不知道会出现什么新的安保措施，以及这些措施将如何实施。随着美国经济步入衰退，人们尚不清楚，空中旅行的需求会出现何种程度的变化。“9 · 11”事件后没几天，诸如美国航空、达美航空、美国联合航空等美国航空公司做了它们之前做过多次的事情——裁员，总计裁掉了大约 8 万名员工。“9 · 11”事件之后，除西南航空之外，几乎所有大型航空公司立即宣布了裁员计划。

西南航空给它的员工发了一封电邮，其中提到，公司历史上从未裁过员，也未实施过停薪留职。尽管没有做出绝不裁员的承诺，但它的态度很明确，公司将对员工负责，一旦航空业重回正轨，公司将尽全力确保员工和客户的利益。西南航空表示，如果客户想退票，公司将无条件退款，同时，公司将继续执行其航班计划，并且还打算在“9 · 11”事件后额外将 1.79 亿美元投入其员工利润分享计划中。[67] 到 2001 年底，西南航空不仅在当年还有盈利，第四季度的利润尤其可观，并且还从它的竞争对手那里获得了市场份额。到了 2002 年，西南航空公司市值比美国航空业所有上市公司市值的总和还多。

有一种观点认为，所有公司，尤其是那些身处周期性行业的公司，必须将裁员作为日常经营的一部分。这显然是不正确的。长期以来，半导体制造商赛灵思公司（Xilinx）没有像行业中的其他公司那样，实施过周期性的裁员和返聘措施。在 2001 年和 2002 年科技行业衰退期间，英特尔和 AMD 裁掉了 9 000 名员工，而赛灵思的 2 600 名员工无一被裁。[68] 丰田公司也尽可能避免裁员，哪怕在汽车行业不景气时也是如此。丰田公司不仅试图不在日本的工厂裁员，而且试图不在美国的工厂裁员。

总部位于俄亥俄州克利夫兰的电弧焊制造商林肯电气（Lincoln Electric）经历过两次世界大战和多个经济周期，却从未牺牲过员工利益，也从未裁过员。该公司以执行利润分享激励计划著称，这一计划可以做到可变薪酬，同时当经济衰退期间公司利润下滑时，员工薪酬也会减少，这有助于公司避免裁员。该公司的一位前首席执行官将“减员”（downsizing）称为“增蠢”（dumbsizing）①。一位在公司效力了很长时间并最晚离任的前首席执行官说道：“我认为我和我的前任们的经营哲学在于，我们能够使企业在经济面临挑战的环境中运转良好，我们缓解痛苦的方式是，在不牺牲我们员工利益的前提下为股东创造更大的长期价值。”[69]

赛仕软件公司是全球最大的非上市软件公司，2016 年营收超过了 32 亿美元。公司在 21 世纪初的科技行业下行周期招聘了几百名员工，由此既获得了有才能的员工，又获得了更大的市场份额。当下一个经济衰退周期于 2007 年和 2008 年形成时，公司首席执行官吉姆·古德奈特（Jim Goodnight）注意到，员工经常问他，公司是否会裁员。他向员工发了一封电邮，鼓励员工重视成本管控，但同时向员工保证，公司不会裁员。他告诉我，尽管衰退期间的公司营收不像以往那样快速增长，但这不奇怪，公司的利润率仍保持稳定。由于员工得到了不裁员的保证和财务安全感，所以他们能够专注于工作，效率变得更高，并且由于对富有同情心的公司深怀感激，他们用勤奋和创新回报公司，同时，更加自觉地控制成本。

① “dumbsizing”是生造的戏谑之词，意为“增蠢”。——译者注

是否裁员体现了公司的价值观。大型连锁企业全食超市公司成功走出了 20 世纪末的经济危机，其间只裁掉了不到 100 名员工。美国最大的精品酒店连锁企业之一幸福生活酒店集团的创始人和主席齐普·康利（Chip Conley）尽可能缩减裁员规模，哪怕公司营收在 20 世纪末的经济衰退中减少了超过 30%。成功走出这段痛苦的经历之后，当经济重回正轨时，康利卖掉了他持有的酒店集团的部分股权，他解释说，这样他以后就不必再次裁掉那么多员工了，裁员的经历让他很不好受。

某些发达国家采取了鼓励雇主不裁员的公共政策，在很多欧洲国家，解雇终身员工的公司必须支付巨额遣散费，这使得公司不得不在裁员可节省的成本与裁员所付出的遣散费之间做权衡。政策要求公司必须提前发布裁员计划，在某些情况下，还必须与工会或者员工的法律顾问协商。尽管有人认为这些政策将使得劳动力市场失去弹性，从而导致更高的长期失业率和更低的就业增长率，但相关证据并不充分。[70] 此外，几乎没有关于劳动力市场弹性的研究能表明，通过裁员的方式增加劳动力市场弹性，其在健康和福祉方面赋予员工的好处会多于不裁员的好处。

由于意识到人们在失去工作时会索取失业救济金和其他社会福利，所以德国尝试为企业发放部分稳岗补贴，从而让企业留住员工，甚至包括兼职员工。德国的政策通常被认为降低了在经济衰退期间经济的混乱程度。至关重要的是，公共政策是影响企业裁员决策的重要因素。此外，在权衡旨在减少财务不安全感和裁员规模的公共政策之利弊时，需要考虑裁员所付出的代价。

毫无疑问，相比以往，如今越来越少的公司试图执行不裁员政策。这种变化反映了裁员在很大程度上已经成为一种被社会接受的管理工具，也反映了社会价值观的急剧变化，即员工不再指望能在一家公司度过自己的全部职业生涯。在很大程度上，公司已经不再是一个团体，而是更多地成为履行临时性劳动合同的人所结成的关系网。裁员频率的提高，还反映了一种注重奖励经济效率和资本回报而非重视人类福祉的社会价值观。

劳动力市场的灵活性会对员工造成伤害，既包括身体上的，也包括心理上的。在很大程度上，实施裁员的公司并不承担裁员带来的成本。一旦被裁员工不再重回就业市场，雇主就无须为他们的健康费用负责，前雇主也无须为他们的心理问题和有害的健康行为所导致的工作效率下降而操心。除必须支付的费用外，雇主的裁员决策所导致的代价是雇主看不见的，这使得雇主过度使用裁员手段，并且误以为裁员利大于弊。

企业低估了裁员的负面影响。除非让实施裁员的企业承受裁员的全部成本，否则，全社会和被裁员工个人将会持续承受企业裁员的代价。裁员必然是企业的次优选择。

DYING FOR A PAYCHECK

第 4 章

因素 2，无医保，员工和企业都将受损

丹是住在纽约北部地区的一名瓦匠，这份工作很累，他经常要弯腰举重物。45 岁的丹告诉我，他的后背、肩部、腿部和胳膊都很痛，但庆幸的是，他没有严重的健康问题。另一个值得注意的事实是，纽约北部地区的冬天异常寒冷，并且持续长达 4 个月，除非丹特别走运，能找到室内砌砖工作，否则他在冬天不会有任何收入。

大约两年前，丹决定自己创业，他招聘了一个合同工。创业不易，但在某种程度上仍比给别人打工强。他正在学习如何投标，如何平衡工作量，一方面不能让工作负荷太重，以至于无法按时保质地完工；另一方面又不让自己的工作负荷太轻，以至于无法赚到足够的生活费。作为一名劳动者，丹在某种程度上总是面临财务不安全感。如今，他在工作量和工作收入方面面临的变数比以往更大。不过，由于他自己就是老板，所以对工作有了更多掌控力，而这种掌控力对他产生了积极影响。

我问丹是否有医保。“没有。”他回答说。“《平价医疗法案》也没能帮到你吗？”我问。他轻轻笑了一下，回答说：“《平价医疗法案》其实没那么平价。”基于商业保险的平价保险政策其保障力度并不太大，考虑到自己的收入有周期性和不确定性，丹不愿意每月缴纳保险费。我没有进一步问他是否知道低收入公民可以享受购买医保的补贴政策，因为在工作了漫长的一天后，搞清楚补贴政策以及如何申请补贴，这对丹而言无异于又多了一项工作。他告诉我，有时候他一天要高强度工作 12 小时，回到家后累得连饭都不想吃。若想了解医保市场，需要浏览政府网站，而这种网站用户体验不佳，提供的产品选项既复杂又多样，还经常发生变化。并且如果想要购买医保，他还不得不填写各种表格，与各种机构打交道，他显然不愿意去做这些费心费力的事情。

丹告诉我，他只能寄希望于保持良好的健康状况，让自己不必与医疗保健系统打交道。他还告诉我，他认识的瓦匠几乎很少有人能工作到 60 岁，因此他们没有资格享受医保。然而，瓦匠时常遇到背部、肩部、颈部和腿部等的问题，这些都需要医保来解决。丹想创建自己的公司，雇用更年轻的瓦匠来做更多艰苦的体力活，而他则变成管理者和销售者。在与丹的谈话中，我了解到一个善良、真诚、乐于助人的人在竭尽所能地想要跻身于中产阶级时，所面临的经济环境是多么艰难。我告诉他，我非常希望没有医保的他一直保持健康。

丹的故事并非个例。美国在提供医保方面的做法与其他发达国家有根本性差异，当然在国民健康状况方面也会有差异，并且显然是反面教材。与其他 16 个发达国家相比，美国的传染病死亡率排第四位，产妇和婴儿的死亡率排第一位，糖尿病和心脏病等非传染性疾病死亡率排第二位。研究人员在 2000 年对 21 个国家所做的比较显示，美国在医生资源的分布上是最不平等的。[1]

关于医保，我们需要知道三个重要事实。首先，没有医保、足够的福利和充足的保险，会对健康、死亡率和财政产生负面影响。在美国，每年大约有 5.5 万人是因为没有医保，以致不能接受体检或高质量的医疗服务而死亡。我将在本章下文详尽阐述这一点。无医保者还面临财务和其他方面的压力，而产生这些压力是因为他们获得医疗服务的机会很有限，支付医疗费用的能力也很有限。还记得前文提到的数据吗？在美国，糟糕的职场环境导致每年超过 12 万人死亡，而没有医保是其中最大的单一原因。

其次，没有医保并非只是边缘人群的问题。所谓边缘人群，主要是指非法移民、失业者、从未就业者或年龄不到 65 岁还没有资格享受老年医保的人。缺乏医疗保险以及由此造成的医疗保障的缺失，在美国已经逐渐成为一个普遍问题，其影响甚至波及那些从事全职工作的人。

最后，对于从雇主那里获得医保的人而言，好消息在于，他们有了医疗保障；不那么好的消息在于，除了较少的私营企业会采用协商的方式，其他大多数企业给予员工多少医保是由雇主单方面决定的。这意味着，雇主在如下事项上具有绝对的决定权：为某个员工支付多少医保；制定相关规则，从而决定员工能在哪些医院找哪些医生看病，能在药物和治疗上花多少钱，医保在哪种情况下可以或者不可以覆盖哪些特定的病种。此外，雇主还可以随时改变保险的保障条件，并且他们确实也在这么做。员工很快就会发现自己很难了解相关的保险权益，还有可能会同与雇主合作的医保公司就医保理赔发生争执。

即便是良心企业，也有可能无法完全理解自己的医保计划是如何运作的，因为医保是由保险公司而非企业人力资源部管理的。因此，企业对员工所面临的相关问题不甚了解。结果便是：在美国职场中，即使是享有医保的员工，也有相当一部分表示，由于费用过高，自己没能及时甚至没能获得所需的药物或牙科治疗。例如，2015 年，盖洛普报告称，由于费用问题，有将近 1/3 的美国人在上一年延误了治疗，即便是在《平价医疗法案》通过后，有一小部分人的情况仍然如此。此外，由于费用问题而推迟就医的人更有可能认为，他们是因为病情重而非病情轻才被推迟的。[2] 即使人们得到了治疗，可能也要面临压力，并且不得不花时间和精力去和保险公司周旋，以获得保险理赔，这会让他们在重要的工作上分心。

错误的权衡

企业似乎相信，它们不可避免地要做某种权衡：一方面，要提供让员工受益的医保；另一方面，要节省费用，保持低成本运营，从而增加企业利润。但和许多在员工福祉与组织绩效之间进行权衡的假设一样，这种权衡本身就是错误的。让员工保持健康，并对医疗保障满意，这与组织绩效完全不冲突，尤其是考虑到员工将时间浪费在处理与保险公司的纠纷上，以及员工工作参与度和满意度降低，甚至员工离职所带来的成本时，做这种权衡就更没必要了。

户外服装制造商和零售商巴塔哥尼亚公司的人力资源负责人迪安·卡特尔（Dean Carter）说，巴塔哥尼亚公司在所有全职和兼职员工入职第一天，就为他们购买了医疗保险。当然，季节工和临时工除外。此外，只针对员工

（不包括其家人）提供的医保，无需员工为此支付一分钱保费。虽然巴塔哥尼亚公司处于竞争性行业，但它相信为员工提供健康医疗保险既符合公司的价值观，又有利于公司的业务发展。正如卡特尔所说：

> 我们认为每个人都应该有医保。刚开始有些人还会担心员工会选择不要医保，包括兼职员工。然而，若员工真的没有医保，员工就会有所议论，比如，比尔住院了，大家能筹钱帮助他吗？我们相信，员工不必这样做。在巴塔哥尼亚公司，每个人都可以获得医保，实报实销的比例也不低，我们还试图将需要员工自付的就医费用维持在低水平。

这种机制不仅有助于留住人才，还能减轻员工压力，使他们专心工作，而不必担心医疗保健的获取和成本。

共同健康（Collective Health）是一家获得了风险投资的健康保险解决方案提供商，它的直接客户是企业雇主，主营业务则是为雇主的员工提供医疗保险服务。该公司的创立要从阿里·迪亚布（Ali Diab）的经历说起。他曾将自己的一家公司卖给了谷歌，并一直留在谷歌工作。2013 年，迪亚布的腹部突然剧痛，急诊扫描显示，他的肠子缠绕在一起，造成大约 3 米多的小肠停止了血液循环。他需要做急诊手术。

他花了很长一段时间才从这次痛苦、危险甚至威胁生命的病情中康复，然而之后等待他的却是，保险公司声称他的某些治疗项目不在医保范围内，有些治疗项目和用药是不必要的，所以拒绝理赔这部分费用，简而言之，除去可以理赔的部分，迪亚布还需自费支付高达六位数的费用。迪亚布是谷歌的一位高管，他认识谷歌联合创始人拉里·佩奇。佩奇帮助他和保险公司协商了理赔问题，并承诺如有必要，公司会帮他支付。迪亚布十分激动地告诉我，面对一场令他和家人都惊恐不已的大病已经足够糟了，更不用说还要处理与保险公司的纠纷。而他之所以能在这场纠纷中取得最终的胜利，在很大程度上要归因于他广泛的人脉网络和他在谷歌的职位。

迪亚布决定与人合伙成立一家名叫“共同健康”的公司，让员工更容易享有医保体验。通过为员工提供患者建议，采用最前沿的信息和信息技术，共同健康公司有望让员工花更少的时间来处理理赔问题。由于员工能从医保中享有更多好处而非承受更多负担，因此他们就会与雇主建立更高的忠诚度和更深的联系。作为一家专注于健康医疗行业、医保市场和员工健康的公司，共同健康还能为企业人力资源部减轻负担，从而让企业的员工受益，也让企业本身受益。

简而言之，大多数企业为员工医保付出了高额成本，但其医保管理方式却往往会招致员工的不满，并给员工和人力部门都带来额外的压力和时间负担。在医保问题上，公司和员工似乎没有哪一方是受益的。公司不仅要为招致员工不满的医保机制付钱，而且要承担员工在了解和争取理赔额上浪费的时间。

在美国，企业在决定员工医保以及相应的医疗服务获取权方面，拥有近乎绝对的自主权，这一点与其他发达国家不同。其他发达国家会为全体公民提供医保，无论年龄大小或就业状况如何。[3] 以雇主为中心的医保制度对员工而言是件好坏参半的事情，这也对雇主提出了要求：雇主要花很大的精力去为员工购买既能提供合理利益，又不需要公司花太多钱的保险。雇主通常将在购买医保产品方面所做的各种决策视为负担，评估保险公司和其他保险供应商所提供的各种产品，聘请能帮助雇主做出医保产品购买决策的咨询机构，这些都要花钱。

更重要的是，当雇主做出的医保决策令员工感到不安时——这种状况很容易发生，雇主的风险反应对策五花八门，比如让人力部解聘更多员工，启动更多工会福利……

少不见得是多

几年前，我正在为翰威特公司（在完成并购后，现改名为怡安-翰威特）所组建的人力资源领导力顾问委员会准备演讲稿，内容关于企业决策对员工健康的影响。委员会由翰威特公司的一些优质客户的人力资源主管组成，这些客户是当时美国规模最大、最知名的一些企业，包括惠普、美国运通、万豪、嘉吉和谷歌。在我预演我的演讲稿时，翰威特公司的一个朋友建议我去掉探讨没有医保对健康有何影响的那部分内容，他说，因为“这些都是大企业，它们都为员工提供了医保。所以，这对它们来讲不是个问题”。但实际上，不完全是，原因我很快就会阐明。

撰写此书前，我的一个朋友浏览了全书大纲后对我说：“为什么要单独用一章来探讨医保呢？既然《平价医疗法案》已经通过了，难道获得医保和医疗服务还是问题吗？”先不论当时取消《平价医疗法案》的呼声仍在高涨，在很大程度上，《平价医疗法案》本身在提供全民医保方面已经失败了，瓦匠丹的例子清晰表明了这一点。

我们还可以看看大西洋城赌场员工面临的两难困境。大西洋城在过去 7 年左右的时间里，流失了大约一半的员工。由于每招聘一名员工，大西洋城就会为员工支付医保，而很多活下来的由私人股权投资公司或私人公司拥有的赌场又面临着财务压力，因此，大西洋城又不得不取消或削减员工的医保福利。工会将大西洋城的很多酒店员工组织起来进行调查，并将相关结果分享给了我在斯坦福大学的同事和健康政策专家阿诺德·米尔斯坦（Arnold Milstein）。米尔斯坦将部分调查结果分享给了我。

调查结果显示，72% 的受访者表示，为购买医保支付的费用已经影响到了他们的月度生活开支；72% 的受访者说，他们无力解决眼前的健康问题；63% 的受访者认为，他们的健康状况变差了，因为他们没有医保；75% 的受访者无力负担新的医保产品；超过 50% 的受访者表示自己有抑郁症状。总之，那种认为获得医保和医疗服务已经不是一个问题的看法是完全错误的。如果说现状与以往有什么区别的话，那就是情况甚至变得更糟了。

无论对个人还是公司，医保通常都意味着显著的经济成本。比如，通用汽车公司花在医保上的开支一度比花在钢材上的开支还多。[4] 每年，雇主会在每个员工身上花费 1.2 万美元以购买员工及其家人的健康险。对于一家有 1 000 名员工的企业来说，每年 1 200 万美元的医保费多到足以引起管理层的关注。对于员工规模更大的企业，医保成本显然更加高昂。相比于不为员工提供医保的企业，那些选择为员工提供医保的企业在成本上面临竞争劣势。

关于医保，公共政策的目标在于不让企业来决定是否为员工提供医保，这样企业之间就不会出于成本上的考虑而竞相削减员工的保险福利了，这也是很多其他国家不让企业决定是否为员工提供医保或提供什么价位的医保的一个原因。相反，大多数其他发达国家的政府和民众相信，在相对富足的社会，获得医疗服务是一项基本人权，不应该受到企业出于成本方面考量的影响。由于医保曾经非常昂贵，并且是否提供医保也由企业决定，因此 20 世纪初期和末期的两次经济衰退，导致美国所有企业和部门都在强调成本控制，这种做法对员工获得医保产生了负面影响，并且让已然庞大的无医保者群体变得更加庞大。

凯泽家族基金会（Kaiser Family Foundation）注意到，到了 2010 年，就在《平价医疗法案》生效执行之前，美国有超过 5 900 万非老龄人口是没有医保的。[①] 无医保人口数量的增长，缘于由雇主为非老龄人口提供医保的比例在 2000—2010 年从 69.3% 下滑到了 58.8%。[5] 到了 2011 年，有大约 40% 的企业不再为任何员工提供医保。此外，即便是为员工提供了医保的那 60% 的企业，平均而言仍有超过 21% 的员工没有购买医保的资格，这要么是因为他们从事的是兼职工作，总工作时长不够，要么是因为他们为企业工作的时间太短，不符合购买标准。[6] 此外，“企业虽然为收入较低的员工提供了医保，但通常不会为这些员工提供足额医保，尤其不会考虑他们的家人”。[7]

① 在美国，年满 65 岁的老年人可以享受医疗保险，故大多数关于没有医保及其后果的分析都集中于 65 岁以下的非老龄人口。

由于越来越多的员工难以从雇主那里获得医保，所以那些已经获得医保的员工后续所支付的保费也会越来越贵。2001—2011 年的 10 年间，美国每年每个员工平均缴纳的个人保费从 355 美元上涨到了 921 美元，上涨了 159%；而每年平均缴纳的家庭保费从 1 787 美元上涨到了 4 129 美元，上涨了 131%。到了 2015 年，个人保费已经上涨到了 1 071 美元，家庭保费上涨到了 4 955 美元。[8] 不论是个人保费还是家庭保费，由员工支付的保险费用的增速快于总的保险费增速，这是因为企业不仅削减了保费开支、提高了购买标准，而且将保费缴纳责任更多地转嫁到了员工身上。

企业不仅让更多员工不再享有医保福利，增加了员工的医保负担，而且削减了医保开支，要么所提供的保险产品通常无法满足所有的医疗需求，要么提高共付额和自付额使得员工不得不放弃疾病治疗。

来自联邦政府的调查数据是有说服力的。2014 年《平价医疗法案》正式实施后，出于费用原因自行放弃医治或者开处方药的人口比例，虽比经济刚结束衰退、《平价医疗法案》生效前的 2010 年低，却比 1997 年国家医保法出台之前更高。此外，虽然在出于费用原因表示放弃医治或开药的人群中，没有保险的人显著多于有保险的人，但即便在有保险的人群中，仍有近 6% 的人表示自己曾出于费用原因放弃或推迟了医治。[9]《新英格兰医学杂志》对以雇主为中心的美国医疗系统所做的分析认为，“医保覆盖不足可能已经成为最严重的流行趋势”，甚至比没有保险对健康的危害更大。该分析所提供的数据显示，医保成本已经明显转嫁给了个人，同时医保覆盖不足的比例也在提升，这限制了人们获取医疗资源。[10]

由于员工是否享有医保是由雇主决定的，因此“拥有一份工作并不能保证该员工享有雇主资助的保险；事实上，在没有保险的人群中，约有 3 800 万人（占 77%）其家中至少有一人身处职场”。[11] 此外，在没有保险的人群中，有 61% 的人其家中有一人或多人从事全职工作。调查数据显示，没有保险的人更有可能属于少数族裔，没有接受过大学教育，身处中低收入家庭，并且以年轻人居多。在没有保险的人群中，超过 4/5 的人要么是美国本地人，要么是移民者，这意味着，没有医保不只是一个仅影响到非法移民的问题。

这些事实意味着，种族和收入差异对健康的巨大影响，至少可以部分归咎于雇主对不同种族和中低收入人群所提供的医保水平。比如，一项分析表明，尽管有色人种仅占美国人口的 34%，但他们在没有保险的人群中却占了 52%。[12]

正如我们已经提到的，由雇主决定如何为员工提供医保是一个典型的集体行为问题。如果每个雇主都提供医保，就没有哪个雇主会处于竞争劣势。此外，那些无医保者的医保成本，也就不会从没有提供医保的雇主身上转嫁到提供了医保的雇主身上。这种成本转嫁之所以会发生，是因为医生尤其是医院和诊所会提高那些享有医保的人的医疗费用，以补偿无医保者的医疗费用。比如，一项使用了极为详尽的州政府数据的研究表明，2002 年，仅在马里兰州，全年医治无医保者的医疗费用总额为 5.29 亿美元。[13] 不过，就像在所有集体行为中都会出现的情况那样，每个雇主都有强烈的“背叛”动机。如果不提供医保，雇主就能削减成本，获得竞争优势，同时将员工的医疗负担转嫁给其他雇主。

如今，越来越多的雇主完全不提供医保，或者让员工缴纳的那部分医保费用变得过于昂贵，使得只有少量员工能够负担得起，而那些提供了价格合理的医保的雇主变得越来越没有竞争优势。同时，提供医保所带来的成本转嫁现象也越来越明显，因为那些提供了医保的雇主实际上支付了两次医保费用，第一次是直接支付医保费，第二次是间接通过它们所缴纳的税收，资助了各种公共健康项目，而这些项目是用于为那些无医保者提供医疗服务的。于是，理赔咨询公司的保险专家告诉我，未来将会达到一个拐点，即越来越多的雇主将完全不为员工提供医保，以获得竞争优势，此外，为员工提供保险也不再被人们视为优秀雇主通常有责任去做的事情。即使《平价医疗法案》已经实施了，这种情况也会发生，因为对没有为员工提供医保的大型企业所处的罚款金额，远少于该企业提供医保所付出的真实成本。

一旦规则发生变化，行为也会发生变化。当然，没人知道精确拐点何时到来。但我与某些大型而卓越的知名公司的人力资源高管有过交谈，他们已经在考虑无论未来国家政策发生什么变化，公司都不会再为员工提供医保，而这是以往所有企业都不会预料到的结果。

截至 2016 年，《平价医疗法案》已经为之前没有医保的 4 100 万人中的 1 300 万人提供了医保。各州还将自行决定是否扩大医疗援助范围，为小孩和穷人提供医保。有些州已经利用可资使用的联邦基金扩大了医保覆盖面，但还是有很多州没有这样做。数据显示，无医保者大多数是像瓦匠丹那样的蓝领工人，这意味着，医保与人们的福祉息息相关。

没有医保，既影响健康又影响经济

由雇主来决定如何提供医保，这种做法有着怎样的影响呢？最为重要的是，它影响着员工的健康和死亡风险；还有，它会给员工带去破产压力和财务压力。

医保与健康

关于医保的决策之所以重要，只有一个原因：有还是没有医保极大地影响着个人的健康和死亡风险。美国医学院研究所（Institute of Medicine，IOM）的一项研究使用了 1971—1987 年 25 ～ 74 岁的人口数据，以及 1982—1986 年 25 ～ 64 岁的普查数据，估算出处于就业年龄的成年人中无保险者的死亡风险上升了 25%。即便对各种可能影响死亡率的因素做了统计控制，这一结论仍然成立。[14] 基于对死亡风险上升以及当时无保险者人数的估算，美国医学研究所的报告预计，美国每年有 1.8 万人死于非正常因素。随着时间的推移，无保险者人数越来越多，美国咨询机构城市研究所使用美国医学研究所的方法，估算出 2000—2006 年，有 13.7 万人死于没有保险，而仅在 2006 年，就有 2.2 万人死于没有保险。[15]

美国医学研究所的方法假定，没有保险的不同年龄段的人面临着相同的死亡上升风险。但真实情况显然并非如此。随着年龄的增长，任何原因所导致的患病风险都会上升，比如，患癌或者患心脏病的风险都与年龄有关。如果你没有保险但没有生病，那你的健康状况显然会好于那些没有保险且患有重疾的人。这项初始分析还存在另一个问题：没有保险本身就与健康状况有关。在《平价医疗法案》通过之前，通常情况是，一旦人们生病，他们就会失去自己的医保，因为排除既往病史是订立保险合同的常规步骤。一项研究注意到，若将这项因素考虑在内，并对人们的健康状况之于购买医保的可能性做出统计调整后，有和没有医保的死亡风险差异达到了 42%，几乎是美国医学研究所估算风险的两倍。[16] 另一项分析使用了 55 ～ 64 岁成人的数据，估算出在这一年龄差异不大的人群中，每年有超过 1.3 万人死于没有保险。

对科研文献的一项最新回顾从总体上支持了美国医学研究所得出的早期结论，即“医保能降低死亡风险”，而“没有医保会缩短寿命”。[17] 部分原因在于，有保险者更有可能使用受到推荐的医疗手段。这一对科研文献的回顾注意到，美国人的预期寿命之所以比很多其他发达国家的人短，是因为“美国人更难获得高品质的医疗服务，这导致了对于那些可预防的疾病，美国人的死亡率更高”。[18]

此外，还有其他研究表明，没有保险会导致更高的死亡风险。一项针对 1988—2000 年 17 ～ 64 岁约 9 000 人的长期追踪研究表明，无保险者的死亡风险要比有保险者的死亡风险高出 40%，即便对年龄、性别、体质指数、抽烟史、日常饮酒、休闲健身和经医生诊断的健康状况等因素做了统计控制后，情况仍然如此。这一分析的估算结果是，每年有将近 4.5 万人死于没有医保。相比之下，没有医保甚至比患肾病导致的死亡人数更多。[19]

除了对造成非正常死亡的所有原因所做的这些研究，对由特定疾病造成的死亡所做的各项研究也一再表明，在同等条件下，相比有医保的人，那些没有医保的人死亡率更高。研究人员曾对 189 名患者做了一项研究，这些病人患有先天囊肿性纤维化，至少曾在一家大学医学中心住过一次院。结果发现，无医保者的存活时间只有 6.1 年，而有医保者的存活时间为 20.5 年，后者是前者的 3 倍多。[20] 另一项研究比较了加拿大人和美国人患囊肿性纤维化的死亡率，该研究发现，"平均而言，患囊肿性纤维化的加拿大人其存活时间比患同样疾病的美国人的存活时间长 10 年以上，这在很大程度上要归因于两个国家在医保体制上的差异"。尽管拥有私人商业医保的美国人在该病上的死亡率与加拿大人没有差异，但"加拿大人的平均死亡率比享有医疗救助计划或老年人医保计划的美国人低了 44%，比没有医保的美国人低了 77%"。[21]

对患有乳腺癌的女性的一项研究发现，即便在对病人接受治疗时的疾病严重程度做了统计控制后，相比有医保的人，没有医保的人经调整后的死亡风险仍高出 49%。[22] 对患有宫颈癌的女性的一项分析发现，相比有医保的人，没有医保的人在接受治疗时已经进入癌症更晚期阶段的概率要高出 1.4 倍，而这种疾病的瘉后状况与癌症发现时所处阶段高度相关。[23] 对中风病人的一项研究表明，根据中风类型的不同，没有医保的病人其死亡风险增加了 24% ～ 56%。[24]

研究人员还发现，医保与健康之间至少存在某些因果关系和影响路径。医保与死亡风险之间存在的一种因果关系是，有医保的人更容易就各种健康状况获得预防性体检的机会。研究还表明，"使用肠镜、乳腺 X 光照片、巴氏早期癌变探查等预防性医疗服务有助于降低患病率和死亡率"，相关数据一再显示，"没有医保的成人相比有医保的成人更少使用预防性医疗服务”。[25] 事实上，有很多人在有医保和没有医保之间转换，比如，当他们换了工作或者从失业到找到了一份工作时，这种情况就会发生。在对社会经济地位做了统计上的全面控制后，追踪研究证据显示，间歇性地失去医保也会显著减少人们对预防性体检的参与，而在人们重新获得医保后，失去医保对人们参与体检次数减少的影响仍会持续一段时间。[26]

是否有医保还会影响人们对治疗方案的遵守，包括买药。凯泽家族基金会报告称，“超过 1/4 的没有保险的成人表示，他们在过去一年没有遵照医嘱买药，因为他们负担不起药费”。[27] 一项研究比较了数千人在出了意外或者患了一种或多种慢性疾病后的表现，这些人要么有医保，要么没有医保。研究发现，在健康状况恶化之后，没有医保的人更少寻求任何医疗服务，更少咨询医生，更少遵照医嘱买药。此外，没有医保的人不接受任何后续治疗的概率是有医保的人的两倍。因此，毫不奇怪的是，哪怕在经历了“健康冲击”7 个月后，相比有医保的人，那些没有医保的人报告自己的健康状况变糟的概率依然高出了将近 50%。[28]

一旦诊断出患有某种疾病或者出现某种健康状况，有医保的人似乎还能接受更好的医疗服务，这是因为有医保意味着能够接触到更多、更优质的医生和医院，而这些医生和医院不会受到医疗费用预算的限制，因此可以为有医保的患者提供更多的治疗方案和更全面的护理，包括后续治疗。一项创新性研究将 65 岁左右的人作为考察对象，因为年满 65 岁就有资格获得政府所提供的老年人医保，考察了医保对治疗和健康状况的影响，考虑了因为重症哮喘、心脏病和中风等突发疾病而被允许住院的情形，并分辨出了年满 65 岁之前和之后的患者在获得住院许可上的差异。该研究显示，大于

65 岁的患者获得了更多的医疗服务，因此死亡率降低了 20%，甚至对于那些身患重病的考察对象，至少在住院 9 个月后，这种死亡率上的差异仍然存在。[29] 另一项研究将扩大了医疗补助范围的州与那些没有扩大医疗补助范围的州做了比较，其估算出的结果是，扩大医疗补助范围，从而让更多人获得医疗服务，使得全国死亡率下降了大约 6%，其中部分原因在于，这种做法降低了患者因为费用问题而推迟接受治疗的概率。[30] 这些研究的结论与其他研究的结论是一致的，都表明有医保的个人相比没有医保的个人能获得更多、更好的医疗服务，还能获得更及时的治疗。

医保和财务问题

很多研究已经发现，有无医保与破产压力和其他类型的财务压力有关。一项研究注意到，“将近 40% 的无医保成年人需要支付巨额医疗账单”。另一项在俄勒冈州所做的研究报告称，“无医保者更有可能因为自费医疗而遭遇财务压力”。正如凯泽家族基金会所提到的那样，“无保险者相信，他们可能无法负担他们家庭的医疗开支，而这将引发焦虑，并可能让他们推迟或放弃治疗”。[31] 有大量文献证明，和其他类型的压力一样，财务压力对身心健康有负面影响，也导致死亡率上升。[32] 压力对健康有直接影响，会引发诸如抽烟、饮酒、滥用药物等不健康行为，而这些行为又会进一步损害健康，增大早亡的风险。[33]

无法否认的是，医疗费用是导致个人破产和出现其他财务问题的重要影响因素，对有医保者来说如此，对无医保者来说更是如此，只不过人们对这一影响究竟有多大尚存争议。美国共有 77 个联邦地方法院，有研究者对其中 5 个联邦地方法院的 1 771 个个人破产申请案例进行考察，估算出有大约一半的人认为医疗费用导致了破产。“在申请破产前两年，没有医保是个人因为医疗费用而破产的一个有效预测指标”。[34] 尽管如此，在申请破产的人中，大约有 3/4 在刚开始支付医疗费用时是有医保的。另一项研究比较了两类人群的家庭资产变化情况，一类是新患病的、有医保的、接近 65 岁的老年人，另一类是新患病的、无医保的、年龄大致相近的老年人。为确保研究结果的科学性，研究者在评估资产价值时，剔除了其自有住宅的价值。研究发现，相比那些有医保的人，新患病的、无医保的人其家庭资产大多缩水了 30% ～ 50%。[35] 虽然出现医疗费用债务是一种相当常见的现象，但“没有医保的人在这方面的债务更重”。

医疗债务和个人破产显然会引发创伤和压力。“一项全国性的调查发现，在有医疗债务的人群中，有 44% 的人会使用所有积蓄或大多数积蓄来支付高昂的医疗费用……每 5 个医疗债务人中就有 1 个欠下了大额的信用卡债务，或者抵押了自住房，用借来的钱支付医疗费用……身负医疗债务的人通常还会面临法律诉讼，遭遇工资被扣、包括银行账户在内的资产被查封、房屋被扣押的情况，而这可能导致他们失去对抵押品的赎回权。”[36]

正如对大量现有证据的部分回顾所显示的那样，缺乏医保对个人的财务状况和身体健康的确是有危害的，并且对死亡风险也有着负面影响。因此，以合理价格提供医保的雇主能对员工的福祉产生积极影响，而那些不提供医保的雇主则将他们的员工置于巨大的生理和心理风险之中。

医保与劳动力市场的运转

一旦有些雇主提供医保，有些不提供，就会出现很多问题。如果保险公司拒绝为有既往病史的人承保，这些问题就会变得越发严重，而在《平价医疗法案》通过之前，这种情况是极为常见的。这些问题不仅会影响员工的福祉，而且会影响企业的经营绩效。

第一个问题来自受限的劳工流动性，通常也被称为“工作锁定”（job-lock）。大多数人力资源理论认为，劳工流动服从于市场力量，承认求职行为与职位匹配的积极作用。简而言之，雇主需要雇用具有某些技术性专长和其他能力的员工，而对员工的这些能力要求是随着竞争状况的变化而变化的。举例来说，曾经只需要有限的数学和推理能力的制造业工作，如今对这些能力提出了更高的要求，因为数控机器和更为复杂的制造流程的使用已变得越来越普遍。另外，员工所拥有的一些技能和经验也会随着时间的推移而发生变化，因为员工会在工作中得到培训，并且能从工作经验中知道自己喜欢和不喜欢什么样的工作环境。

当雇主可以自由选择员工，员工也可以选择雇主，并且这些雇主不仅能提供最优厚的薪酬待遇，还能为员工的才华和能力的施展提供最佳环境时，劳工市场就处于最佳状态。很多学者和政策专家承认，当雇主与员工之间的工作匹配受到限制时，“广泛的经济影响在于，劳工市场的求职效率和工作效率都会降低”。[37] 这是因为“劳工市场的流动性使得员工能找到让他们的工作效率发挥到极致的工作”，所以“不同雇主在提供医保上的不同做法，会导致劳工市场失去流动性，而这会降低员工的生产效率和工作收入，对员工的工作满意度造成负面影响，对雇主提供的产品和服务的数量和品质也会产生消极作用”。[38]

企业提供的养老金福利无法转嫁到其他企业，也是造成工作锁定的一个原因。事实上，企业提供诸如养老金之类的递延酬劳的一个目的在于，将员工与企业绑得更紧，从而减少员工流动成本。同样，将医保与企业绑定，让那些有既往病史的员工很难获得医保，这些做法限制了劳工市场的流动性，使得劳工市场无法实现最佳匹配。对自己的工作不再感兴趣或者不再能够胜任的员工之所以还会留在企业，是因为他们担心，如果他们进入就业市场，却没能很快找到工作，或者没能找到提供足额医保的雇主，他们就会失去自己的医保。

用目前已知的关于工作流动性的跟踪数据，来估算员工对医保的关注之于工作锁定的影响程度，是件很难做到的事情。不过，在采用了精巧的方法且对其他因素做了统计上的控制之后，实证证据提供了合理的估算结果，表明劳工流动性出现了显著下降。一项研究使用了自 20 世纪 80 年代以来的数据，估算出由于对医保的关注，劳工流动性下降了 25% ～ 31%，这种影响在女性员工身上体现得更为明显。[39] 另一项针对双职工的研究发现，劳工流动性下降了 36% ～ 51%。[40] 还有一项分析表明，患有慢性疾病的员工其工作流动性降低了 40%。[41] 还有证据显示，如果公共政策能让离职员工更容易获得医保，比如，强制执行“延续医保”，那么这会降低医保对劳工流动性的影响程度。[42] 劳工流动性降低 25% ～ 50% 会产生很大的影响，而且员工与雇主不匹配这一理论性问题对生产效率和经营效益也有重大影响。

第二个问题来自美国当前的医保政策所导致的后果：形成某种逆向选择。大多数企业的医保计划并没有将有既往病史的员工排除在外，只要符合享有医保福利的相关条件，比如，达到一定的服务期限或者雇用时长，企业就会向所有员工提供医保。然而，并非所有企业都会为员工提供医保。此外，私人市场所提供的医保大多会针对新出现的疾病做出理赔限制，并且将有既往病史的人排除在外。因此，患病的员工更有可能会去找一份雇主可以提供医保的工作。结果，提供医保的雇主将招来更多患病的员工，付出更大的医疗成本。于是，随着时间的推移，那些提供医保的雇主就有越来越强的动机削减或限制医保保费，以应对其面临的由逆向选择所造成的成本上的竞争劣势。此外，基于雇主所提供的医保福利来选择工作，显然不利于员工找到更契合于自身技能和兴趣的岗位，而这将导致工作效率的额外损失。

由工作锁定和逆向选择所导致的劳工市场扭曲，让提供医保的雇主承担了越来越高的成本。这些事实有助于解释，为什么随着时间的推移，不为员工提供医保的企业越来越多。然而，不为员工购买医保并没有“解决”医疗成本高昂的问题。相反，医疗成本只是被转嫁给了其他支付者，大多数情况下，这类支付者要么是纳税人，要么是提供无偿治疗服务的医疗机构，而且这类医疗成本变得更高了，因为医疗资源更多地提供给了患有重病和难病的人，而这些病人因为无力支付医疗费用拖延了治疗，加重了病情。

现场医疗模式的兴起

优秀的雇主会通过提供医保善待自己的员工，而健康的员工工作效率更

高。提供医保有助于吸引和留住人才。[43] 提供医保以及其他福利的雇主发出的信号是，他们关心自己的员工。尤其是当竞争对手正在削减福利时，提供健康福利的企业更能激活互惠原则，使得员工对雇主报以更大的忠诚度，对工作保持更高的参与度。

不过，关心员工健康的雇主面临一些两难困境。首先，正如之前提到的那样，随着医疗费用的增加，想要为员工谋福利的企业也会陷入竞争困境，因为逆向选择导致病情更重的员工进入了提供医保的企业，并且提供医保的企业还要与医保成本更低的同行竞争，而后者已经将自己员工的医疗成本转嫁或推给了社会组织、医疗机构等。其次，美国雇主所面临的医疗制度有着各种管理成本，比如，将医保计划推销给雇主及其员工的成本、审查和赔付的成本、对拒绝理赔的上诉进行裁决的成本，以及为体检和理赔提供预授权的成本，这些成本有很多与提供医疗服务没有多大关系。北卡罗来纳州的大型企业赛仕软件公司首席健康官盖尔·阿德科克（Gail Adcock）负责管理企业的健康福利和现场医疗服务，他告诉我，“医疗管理在很大程度上就是管理成本，而不是管理治疗”，这不仅会增加间接管理费用，还会在员工中制造不信任感。哈佛大学的一些研究人员已经估算出，间接管理费用在美国医疗支出中占了将近 1/3 的比例，这一巨大的管理成本是美国在医疗领域投入如此之大却成效不佳的原因之一。[44]

对于这些问题，越来越多的企业采用了一种应对办法，那就是提供现场医疗服务。这一办法不仅能减少由保险公司带来的不菲的间接管理费用，而且能让雇主更了解自己员工的健康问题，使得雇主能在员工患病过程中更早地采取干预措施，从而节省开支，还能维系更好的职场环境。众所周知，一小部分患了重病的员工花掉了大部分医疗开支。然而，如果雇主能够对员工患病做早期干预和预防，不仅能减少医疗开支，而且可以预测哪些员工很有可能属于重病高风险人群。[45]

几十年前，有些企业会在办公场所或附近配备医生，尤其是那些位于远郊或员工伤病风险更高的企业。随着时间的推移，这种安排消失了，因为企业选择专注于经营其核心业务，也因为雇佣关系变得更加功利，雇主需要照顾员工的观念已经越来越淡薄。然而，为员工提供现场医疗服务对雇主而言有诸多成本上的优势。首先，在办公场所看病会节省去医院的路途时间。以位于堪萨斯州欧弗兰帕克（Overland Park）的美国电信运营商斯普林特（Sprint）为例，其员工“可以打卡离开，开车去某个地方找自己的医生看病，通常第二天才会重返公司；或者，员工可以走过草坪……在公司的三间医疗检查室中的一间找一位医生就诊……大约半小时就能回到自己的办公桌前”。[46]

其次，可以节省成本。员工及其家人去现场诊所看病的次数越多，医生办公室和诊所的人均开支越少，就像投保人越多，保险经纪人的人均成本越低一样。通常，诊所为医生提供的是固定薪酬，而家庭医生是单次收费，前者的成本比后者更低。

再次，很多雇主经常提到的现场医疗服务的另一项重要优势在于，员工缺勤率降低了，身心更健康了，工作效率更高了。人们更有可能去现场诊所看病，这不仅是因为更方便，还因为这样做需要自付的医疗费通常更低，很多情况下甚至不用花一分钱。另外，与员工接触得越多，医护人员就能越早介入，防止病情恶化，并鼓励员工养成健康的行为习惯，也越有能力持续跟进员工的行为动态，确保他们养成这些习惯。

最后，雇主调查中另一项经常被提到的优势是，现场医疗机构可以更好地使用基于数据的治疗和电子健康档案，而这些档案有助于不同医疗机构之间实现合作协调。“研究表明，现场健康中心能带来相对较大的回报，每投资 1 美元可以节省 2 美元。有些研究甚至表明，每投资 1 美元可以节省 3～6 美元。”[47]

这些优势已经使得现场医疗模式得到了广泛采用。“根据……全美企业员工健康组织（the National Business Group on Health）的数据，2007 年，有 23% 的受访雇主和超过 1 000 个受访雇员表示，所在企业提供了现场医疗服务”，而这一数据有望继续增长。[48] 现场医疗模式甚至已经被小规模企业所采用，如位于明尼苏达州白熊湖的威尔逊工具国际公司（Wilson Tool International）和位于普利茅斯的图尔克公司（Turck Inc.）都只有大约 400 名员工，但这两家企业都有现场医疗设施。[49] 如今，现场医疗服务已经成为一个产业，很多公司进入该领域，为企业提供相关服务，而这项服务也越来越受企业欢迎。

当然，现场医疗主要适用于相对较轻的疾病和诸如接种疫苗之类的常规医疗服务。然而，员工以往耗费在这类常规医疗上的时间也是很多的。现场医疗模式既能削减成本，又能表明企业真正履行了为员工谋福利的承诺，因而具有显著优势。

不要让医保问题引发恶性循环

数据很能说明问题：缺少医保会导致死亡率更高、健康状况更差、资金更紧张甚至破产，以及焦虑和压力增加。美国一直有相当多的人没有医保，即便有医保，由于费用因素而放弃开药和治疗的人数也多得让人惊讶。那些没有医保的人大多都有工作，很多还是全职，其中大多数人都是美国公民或合法居民。甚至对于那些享有雇主提供的医保的人而言，成本也已经由雇主转嫁给了雇员，这导致保险费和共付费的增长率高于医疗费用的增长率，而这一现象又对人们获取医疗服务产生了负面影响。拥有医保的人及其雇主通常在获得医疗支出理赔方面面临着各种困难，这使得员工不再专心于工作，并增大了他们的压力。

医保问题造成了工作锁定，限制了劳工流动性，对生产效率造成了负面影响。对能否获得医疗服务的担心影响了人们的工作表现，而他们获得医疗服务的能力又影响了他们的工作出勤率。管理医保计划需要消耗大量资源，大多数管理成本落在了雇主头上，他们需要花钱聘请保险咨询机构，需要雇用更多的人力资源员工来管理医保计划，并且要为他们所使用的医疗服务机构支付间接费用。某些大型企业之所以采用现场医疗服务来为病情相对较轻的员工提供日常医疗服务，这些间接费用和管理成本是其中一个原因。

除了保险公司、保险经纪人和保险咨询机构，很难说谁真正从当前的医保制度中受益了。此外，医疗服务以及谁为这种服务掏腰包已经逐渐成为一个政治问题，它在联邦政府和州政府层面都是一个令人担忧的问题，而各级政府对这个问题的看法充满了分歧。在企业内部，医疗费用也成为一个政治问题，痴迷于削减成本的首席财务官有时会与关心员工福祉的人力资源总监产生冲突。与任何类似的政治斗争一样，要预测事态将如何发展几乎是不可能的。

在政府和企业内部的诸多讨论中，在对医保、医疗费用和雇员健康的讨论中，人们没能谈及的问题是这些矛盾和悖论所导致的死亡代价。随着医生所开处方药数量的增长，人们面临着不可预估的医疗费用，或者更常见的情况是，病人会因为高昂的费用放弃开药。有人曾告诉我，患有严重的、有时甚至是危及生命的疾病的人，还不得不与保险公司及其人力资源部打交道，这特别不人性化，并且患者只能任由这些机构做出对自己生死攸关的决策。

与本书所探讨的职场环境中的其他现象一样，企业不怎么关注人的可持续发展，而是基于企业的财务状况，来考虑本章所探讨的员工医保问题，并做出决策。问题在于，如果企业让充满经济压力的员工去应对错综复杂的医保条款，去了解诸如哪里才能获得医疗服务、需要哪些前提条件才能获得医保之类的政策，让员工面对不断变化的医疗费用和医疗福利，那么企业能否真正从这些做法中受益，对此，我们尚不清楚。

DYING FOR A PAYCHECK

第 5 章

因素 3，超时工作，增加了时间却降低了效率

滨田贤二（Kenji Hamada）42 岁时因心脏病突发去世，当时他正在位于东京的办公室。他的遗孀说，滨田每星期要工作 75 小时，每天要花将近 4 小时在通勤上。在去世前，他已连续工作了 40 天。“他太累了，夜以继日。”她说道。[1] 2016 年末，日本电通广告公司一名 24 岁的员工跳楼自杀，之前她曾告诉自己的朋友，她一直在忍受长时间工作带来的困扰，星期六和星期日都要上班，每个月的加班时长超过 100 小时。[2]

日本人甚至为因过度工作而死亡这一现象发明了一个术语——过劳死（karoshi）。第一个公开报道的过劳死案例发生在 1969 年，当时，一名在日本发行量最大的报社的发行部门工作的男性员工死于中风，年仅 21 岁，刚结婚不久。日本劳工部的员工赔偿局官方确认他死于过劳。“2012 年，日本政府为 812 个家庭支付了赔偿金，有证据表明这些家庭的家人因为过度工作而患病甚至死亡，其中有 93 人死于自杀。”[3] 到了 2015 年，申请赔偿的家庭上升到了 2 310 个，“但真实的数字也许高达 10 000 个——与每年死于交通事故的人数相当”。[4]

日本的一项研究提到：“如今，几乎无人不知这个术语……很多日本员工及其家人为过劳死感到焦虑。”尽管不乏舆论的讨论和监督，但问题依然存在。2016 年 10 月的一项调查发现，将近 1/4 的受访企业表示，有些员工每个月的加班时长超过了 80 小时。[5] 从 1987 年开始，日本劳工部发布的过劳死统计数据未必完全可信，因为与其他死因相比，很难清晰地认定一个人的突然死亡或早亡完全归咎于过劳。[6]

除了日本，长时间工作及其对健康造成的负面影响是很多国家都面临的问题。有时候，人们相信长时间工作现象只存在于新兴经济体，因为发达国家通常对工作时长有监管措施。这些措施包括限制在校学生的打工时间，强制要求雇主为每天或每星期超时工作的员工支付加班费，要求雇主每年为员工提供带薪休假的机会等。

然而，并非所有工种都被这些监管措施所覆盖。移民等弱势群体由于担心被遣返，或者低收入群体由于担心失去工作，他们可能不愿意伸张自己的权利。有些职位，诸如管理者、监管者和专业工作者，通常无法享有获得加班费的权利。空客公司总部位于法国，但在好几个国家拥有核心运营中心。它的一名员工曾告诉我，空客公司在一个规定员工每星期只能工作 35 小时的国家拥有大量业务，但中层管理者每星期通常工作 60 小时，每天要工作到晚上 8 点。随着空客公司日益发展壮大，并且越来越成功，专职人员和管理者的工作时长也随之增加。然而，与美国之类的国家不同，空客公司的管理者很少在周末工作，他们每年也会用掉自己为期 5 周的带薪年假。

有些行业和职业尤其倾向于让员工超时工作。比如，无论在全球的哪个地方，投行都以长时间工作和与此有关的负面健康影响而臭名昭著。正如前面提到的那样，2013 年，美银美林银行伦敦公司的 21 岁实习生莫里茨 · 埃哈特在连续工作了 3 个通宵之后，于清晨 6 点去世。在两周内，他通宵工作了 8 次。他的死亡报告提到："埃哈特先生似乎是身陷所谓'魔法旋转木马'的诸多实习生中的一员，是这样一种生活状态：出租车载着实习生回家，等待实习生在家里洗漱更衣完毕，然后再把他们带回办公室，开始新的漫长的工作日。"另一名实习生评论说，"它们让你的工作时间长得不可思议，也许到了最后，工作多得根本完成不了"。[7]

律师也是长时间工作的典型职业。由于奉行按小时计费的文化，律师案子越多，工作时间越长，律师所在律所赚的钱也越多。作家艾莲娜 · 齐默尔曼（Eilene Zimmerman）的前夫死于与滥用药物有关的并发症，她在写到这件事时提到，"他自从进入法学院学习，就一路打拼，直到成为 WSGR 律所负责知识产权的合伙人，这 20 年来，他每星期的工作时间都超过了 60 小时"。[8]

高科技行业是另一个超时工作的重灾区，里面充满了用红牛饮料"打鸡血"、通宵达旦的工作狂。帕洛阿尔托医学基金会在硅谷运营着一个移动医疗设施，其中有两间检测室和一间实验室。该移动设施服务了超过 24 家区域内最大的企业。为什么要用移动设施呢？为企业提供医疗服务的基金会负责人解释说，"企业的员工太忙了，根本没有时间离开企业去看医生"。[9] 移动设施诊断的病人中有 40% 没有自己的私人医生，哪怕他们拿着很高的薪水，所在企业也提供了医保。"有些病人在接受体检时手里还拿着手机在工作。"[10] 结果是："30 岁的工程师有着 50 岁的身体，大腹便便，脊柱弯曲，肤色暗沉，关节磨损，精力不足，患糖尿病和心脏病的风险增大。"[11]

人们可以在大多数国家中的很多不同工种和行业中见到超时工作现象及其对健康产生的负面影响。“长时间工作是普遍现象，近年来在很多发达国家越来越流行。”[12] 美国的工作时间尤其长，并且没有规律。随着时间的推移，这种状况变得越来越糟。正如罗伯特·伍德·约翰逊基金会人力资源副主席戴维·瓦尔德曼（David Waldman）所说，“超时工作在这个国家并非新事物……但从某种程度上讲，它似乎已经影响了很多人”。[13] 在美国，“每年的平均工作时长……已经在过去几十年里稳步增长，如今已经超过了日本和西欧大多数国家”，以致虽然美国在 1979 年的时候还不是工作时间最长的国家，但到了 21 世纪第一个十年，它已经成为“个中翘楚”。一项研究使用了时间日志法，其数据发现，美国员工中有近 30% 表示，自己在周末也会工作，该比例显著高于法国、德国、荷兰和英国，是西班牙的两倍。该研究还考察了表示自己在晚上 10 点至早上 6 点之间也会工作的美国员工的比例。在美国，超过 1/4 的受访者表示自己会上夜班，这一比例显著高于研究所覆盖的其他国家。[14]

长时间工作已经成为渴望获得职场晋升的“成功”员工的行为准则。一位高管教练告诉我，她的客户几乎每天都会工作 10 ～ 12 小时，比如从早上 8 点工作到下午 6 点，中途留点儿时间吃饭，然后又回去工作，比如，从晚上 8 点一直工作到午夜甚至更晚。大多数人周末至少还要工作一天。这样的工作时长已经成为这些人工作模式的一部分，所以当他们向这位教练抱怨，这种模式所造成的压力给他们的健康和人际关系带来了负面影响时，她甚至不再对他们流露出同情心。在很多情况下，获得极高的收入、肩负极大的责任，这一切都被视为职场“成功”的表现，而超时工作，则是获得“成功”所要付出的代价。

此外，哪怕人们没有身处办公场所，工作时间与非工作时间之间的界限也已经模糊化，因为电子设备的普遍使用，使得员工总是可以与他人保持联系，即便人不在办公室，也可以开展工作。一项调查报告称，81% 的受访者表示，他们会在周末查阅电子邮件；55% 的受访者表示，他们会在晚上 11 点后登录邮箱；59% 的受访者表示，他们会在休假时查阅电子邮件。[15] 人们甚至会在葬礼和自己的小孩出生时查阅电子邮件。齐默尔曼用文字深刻地描述了自己在律师前夫的葬礼上看到的场景：

> 参加葬礼的律师中，有不少人沉迷于自己的手机，在浏览和处理电子邮件。他们的朋友和同事去世了，然而，他们还是在继续工作，哪怕留出一点儿时间来听听关于他们的朋友的悼词也做不到。[16]

雇主通常希望员工在家或休假时也能随时接听与工作有关的电话，处理与工作有关的邮件。优步，这家共享出行公司以其狼性和严苛的企业文化而出名，一名员工告诉新闻网站 BuzzFeed：

> 我会在周末收到短信，在晚上 11 点收到电子邮件。如果你没有在 30 分钟内回复，可能就会有大概 20 个人来催你……有那么 3 ～ 4 个月的时间，每星期五、星期六、星期日的凌晨 3 点或 4 点，我都会醒来，然后处理工作，那几个月，我一天最多的时候会加班 10 个小时。[17]

这种现象不仅出现在高科技行业、投资银行和律所。雇主对员工随时在线、随时待命的期待变得越来越普遍。巴塔哥尼亚公司的人力资源负责人迪安·卡特（Dean Carter）对我讲述了他几年前在西尔斯百货公司工作时发生的事情：

> 我记得在西尔斯百货公司的时候，某个平安夜的晚上 7 点，我收到了一封邮件。我在圣诞节那天，也就是第二天早上 8 点回复。收到我回复邮件的一个高管回复我说："迪安，我不明白为什么你回复邮件会花这么长时间。我们正处于变革中，你需要做出更积极的响应。"

意识到工作已经侵占了非工作时间，2016 年，法国通过了一项法律，让员工拥有了"拒绝随时待命"的权利。尽管该法律没有禁止企业在工作时间之外向员工发送电子邮件，但明确"要求员工人数超过 50 的企业协商出一个新的协议，确保工作不会延到休息日和下班时间"。在阐述这部法律的必要性时，法国劳工部部长提到了"员工是如何在工作场所之外变得越来越受到工作的绑架的"。[18]

虽然人们可能会嘲笑法国实施的工作时长监管措施，但针对 365 名职场人士的一项研究发现，"下班后"的电子邮件对员工有着负面影响，导致员工疲累、工作与家庭关系失衡。该研究还表示，要求员工随时回复电子邮件本身就是一种引致工作压力的因素。[19]

漫长或不规律的工作时长有很多表现形式，它们都对健康有负面影响。第一种表现形式是每天或每星期工作很长时间，从而减少了睡眠时间，破坏了人们免疫系统。盖洛普对超过 7 000 个美国成人的调查研究发现，睡眠时间更长与自我报告的幸福度是呈正相关的，然而，有 40% 的受访者每晚的睡眠时长不足 7 小时——这是专家推荐的维持良好健康状态所需的最短睡眠时长。[20]

第二种表现形式是全年都超时工作，即便有时间，也不准带薪休假。一项研究报告称，大约有 1/3 的美国员工没有使用带薪休假权利。[21] 另一项调查发现，在有资格享有带薪休假的美国员工中，有超过一半的人完全没休过这种假，导致总体而言没有休的带薪假的中位数为 7 天。[22] 还有大约 1/4 的美国员工完全没有带薪休假权。[23]

第三种表现形式是员工生病时不休病假，因为员工认为，生病休假有可能会让自己丢掉工作或者被扣工资，另外，休病假在某种程度上还意味着，患病员工可能不太关心公司利益。英国广播公司在 2014 年做的一项调查发现，超过 25% 的美国员工表示，“即便他们生病了，也还会去上班”，而“将近 1/4 的美国成人曾经因为休病假或者休假照顾家人而被解雇或受到解雇威胁”。[24] 一项针对 1 000 个美国成人的颇具代表性的调查报告称，62% 的受访者表示，他们曾经带病工作。[25] 带病工作不仅对员工的工作效率有负面影响，还有可能导致同事被传染。墨西哥风味快餐连锁店红辣椒（Chipotle）“将 2015 年诺瓦克病毒（Norwald Viruses，NV）爆发的原因部分归咎于员工带病上班”。[26]

第四种表现形式是倒班，即工作时间与正常的生理作息规律不一致，比如上夜班。一项针对造纸厂工人的长达 15 年的长期研究发现，轮班超过 10 年的员工患心脏病的风险提高了两倍。[27]

企业可以有其他选择

长时间工作，不允许休病假或者年假，这种状况并非以全球竞争和技术变革为特征的现代经济不可避免的结果，理解这一点至关重要，因为不同的企业在工作时间上有着不同的政策，甚至在同一个国家和同一个行业的不同企业，相关的安排都是不一样的。工作时间是管理决策和自由裁量的结果。“有些企业奉行长时间工作的文化，甚至当经营本身并不太需要员工长时间工作时，企业仍要求员工这样做”。[28] 一项使用了来自英国的数据的研究发现，每星期工作时长的差异有 1/3 来自公司层面的差异，而这种差异在私人服务型企业中表现得尤为明显。

几年前，谷歌公司在爱尔兰都柏林做了一项名为“都柏林之夜”（Dublin Goes Dark）的实验。在实验中，员工被要求在下班时把电子设备留在公司前台。“手机、iPad 和公司的电脑似乎是员工的压力来源。时任谷歌人力资源总监拉斯洛·博克写道，‘谷歌员工表示自己度过了宁静、无压力的夜晚’。”[29]

服装公司巴塔哥尼亚执行标准工时，并提供现场托儿服务。公司人力资源总监评论说，“当托儿所在下午 5 点 30 分关门时，基本上整个停车场都空了。每个员工都下班了。我很少看到有车会停到 6 点以后”。公司将每天的工作时长改为 9 小时，每隔一周，员工可以从星期五开始过周末，因此，员工一年有 26 个为期 3 天的周末。而在这 3 天的周末中，员工不会接到电话或收到电子邮件。一名员工说道：“这种事情从未发生过。”

运营房地产网站的 Zillow 集团是另一个案例，鼓励员工限制自己的工作时长，从而实现工作和家庭的平衡。正如一名员工提到的那样，“直到你加入了公司，直到你意识到公司很多员工不会把笔记本电脑带回家，直到你发现员工可以把孩子送到幼儿园之后再到公司，那时已经是 9 点 45 分，你才会发现，公司真的注重工作和家庭的平衡”。

界标健康（Landmark Health）是一家为人们提供居家医疗服务的初创公司，员工通常要为患有 5 种或更多种疾病的人提供护理服务。公司在向员工做入职培训时要求员工在发电子邮件时要谨慎，除非邮件与病人护理有关，否则不要在晚上、周末和假期发邮件。显然，其他很多公司也采用了这种进步的做法，试图管理工作时长，限制员工随时待命的次数，并为员工提供弹性工作制。

如果工作时长和员工真正脱离工作的能力是由公司决策和文化决定的，而不只是出于经营需要，那么工作时长及其后果在某种程度上就能由企业掌控，也能通过改变社会规范和劳工市场监管规定而得到改进。因此，企业和政府在工作时长问题上有自主决策权，而工作时长又会对员工的健康产生影响。

长时间工作的原因

在生活的优先次序中，雇主和雇员都想在事业上取得卓越成就，这导致的一个后果是，企业鼓励、员工推崇长时间工作。无论是员工还是其上司，很多人都将长时间工作视为向组织和工作表达忠诚的一种方式。此外，员工通常很看重自己的工作。那些努力工作、为工作牺牲一切的员工更倾向于认为工作很重要，因为他们必须做到认知一致，以表明自己的努力是值得的。不过如果工作真的很重要，甚至至关重要，那么员工就会把工作当作生活中的优先选项。某项研究已经发现，这是非营利机构工作的员工工作时间更长的一个原因，因为他们认为其工作有更大的使命。[30] 当然，非营利机构的员工也会出现疲累现象，以及承受由长时间工作带来的其他后果。

员工会将长时间工作视为坚韧和顽强的体现。一名会计曾告诉我："我们看到过太多这样的情况，尤其是在硅谷文化中。人们会说，'我比你工作的时间更长，我比你工作更努力'。"因此，在职场晋升的斗争中，工作时长成为一种竞争手段。这名在医疗机构工作的会计评论说：

> 当我开始在硅谷工作时，我会走进办公室，说："我昨晚只睡了 4 小时。"我的上司、分管财务的副总会告诉我："我睡了 3 小时。"他们从来不会说："你应该回家睡一觉。"当然，我不会这样对待我的下属，我会说："这种做法不对，为什么要这样？我不介意项目进度推后一点儿。"

员工认为，由于企业已经在削减管理层级和中层管理者数量，职场晋升机会已经越来越少，劳工市场的竞争越来越激烈，长时间待在办公场所就显得尤为必要。高收入的专业人士甚至是极高收入的专业人士，其工作时间也越来越长，并为此付出了代价。西尔维娅·安·休利特在 2004 年所做的一项调查发现，在受访的高收入专业人士中，有 62% 的人每星期工作超过了

50 小时，还有 10% 的人每星期工作超过了 80 小时。将近一半的受访者表示，相比 5 年前，他们每星期多工作了 15 小时。这些人通常会放弃休假。尽管至少从收入上看他们是成功的，但有大约 69% 的受访者表示，如果工作时间缩短，他们会更健康一些。有 58% 的人表示，工作破坏了他们与孩子的关系。有 46% 的人认为，他们的工作时长影响了他们与配偶的关系。[31]

几十年前，拥有多少闲暇时间是判断一个人身处哪个社会阶层的依据。古铜色的皮肤意味着，你有经济能力去度过一个美好的假期，海滩服也是社会地位的象征物。今天，上流阶层、高收入人群的工作时间的确比低收入人群的更长。有违常理的是，更长的工作时间成为社会地位的象征，因为它在某种程度上意味着一个人对于社会有多重要或者多么不可或缺。在总结阿里安娜·赫芬顿（Arianna Huffington）新创建的公司 Thrive“茁壮成长”这一现象[①]时，德雷克·贝尔（Drake Baer）写道：

> 如今，忙碌是件好事，它甚至成为美国的成功文化……你在职场的地位越高，你的日程安排就越满……自 20 世纪 60 年代以来……人们在节日贺卡上提到“忙疯了”的频次越来越多……当人们听到“忙碌”两字，他们会想到社会地位……让自己显得忙碌表明社会认同你，而每个人都希望得到社会的认同。[32]

因此，人们希望在工作上投入更多时间，以表明他们对社会有多重要。

① 阿里安娜·赫芬顿是美国著名网站《赫芬顿邮报》创始人，她于 2017 年联合三星公司推出名为“Thrive”的应用程序，让用户暂时断开与互联网的连接，惬意享受假期生活。Thrive 本质上是一家企业健康咨询机构，企业花钱聘请 Thrive 培训的教练为其过度劳累和表现不佳的员工传授健康和幸福诀窍。——译者注

尽管下文将阐明工作时长与工作绩效是负相关的或者是不相关的，但很多企业似乎还是推崇长时间工作和放弃休假的文化。毕竟，谁会说“努力工作”不是件好事呢？大多数雇主会从员工那里寻求忠诚和奉献，他们希望员工在工作上投入更多努力，以便战胜竞争对手。当然，人们很难直接观察到一个人的忠诚度和奉献度，以间接指标评估员工的投入度则要容易得多，而员工花在工作上的时间长短就是这样一种指标，此外，员工是否会把所有休息日、带薪假期甚至他们的整个生活都放在工作上，也属于这类指标。企业通常会将很容易观察的工作时长作为衡量员工投入度的一项重要指标。

由于企业将长时间工作视为员工投入度和忠诚度的一种体现，因此企业会奖励那些长时间工作的员工，部分原因是企业喜欢那些愿意为组织做出牺牲的员工。还有什么能比愿意为企业鞠躬尽瘁更能体现一个人对企业的忠诚度呢？相关研究一再表明，工作时间长短对薪水高低有影响，并且随着时间的推移，影响还会增大，这一点甚至对于那些表面上不按时薪计酬的员工也适用。而在以时薪计酬的情况下，收入会随着工作时间变长而得到线性提高更是一件显而易见的事。

由于人们普遍相信工作产出与工作时长正相关，即工作时间越长，产出越多，因此企业更希望员工的工作时间更长而非更短。这种情况的确适用于某些工种，尤其适用于过去，那时的生产方式对技术性、创造性和精神集中度的要求都较低。但对于需要创造力、需要思考、需要创新的工作，显然，过了某个拐点，更长的工作时间并不会带来更多的产出。事实上，对很多工作而言，这样的拐点已然到来，产出并不会因为工作时间更长而增加。这是因为，长时间工作会导致疲乏和厌倦，而这又会导致员工犯更多的错误，更少产生深思熟虑、有创造性的想法。

如果企业青睐长时间工作以及工作狂，那么员工就会知道，长时间工作会得到奖赏，并据此做出响应。在企业普遍使用电子卡来开门和启动如打印机之类的办公设备之前，当时更流行的是采用几乎没有技术含量的签到簿打卡法，人们经常听到的故事是，硅谷的员工周末会到公司签到，然后在办公室打盹或者做与工作无关的事情。即便到了今天，员工也会重新设置自己的工作电脑的时钟，以表明他们是在午夜发送的电子邮件；他们离开办公室的时候会让灯亮着，将外衣或毛衣披在工作椅背上，以表明他们还在办公室工作。大量诸如此类的诡计使得他们的上司认为他们一直在工作。类似欺骗行为的目的在于，向雇主，或者说得更具体一点儿，向自己的直接上司表明，自己工作得有多么努力。当然，待在办公场所并不等于在工作，花在办公场所的时间与员工真正投入在工作上的时间也绝非高度相关。但假装在工作上投入更多时间，这一象征性的做法对员工的职业生涯仍是相当重要的。

由于女性通常比男性承担了更多的家务，因此有时候女员工在工作上投入的时间会较少，这降低了女性在职场获得成功的概率。商学院教授奥利维亚·奥尼尔（Olivia O' Neill）和查尔斯·奥莱利（Charles O' Reilly）的一项研究发现，在对工作时长做了统计上的控制后，人们时常看到的男女收入上的差异消失了。[33] 他们认为，在整个职业生涯中，工作时长对收入的影响会变得更加明显。最开始，员工进入企业的时候都对职业生涯充满期待，虽然不同的员工在知识和技能上有差异，但职场竞争的组织方法就像是一场锦标赛，在每个阶段，员工都要为晋升而竞争，那些在某个阶段输掉“比赛”的员工通常无法再获得更高的职位。随着时间的推移，那些输掉“比赛”或者在工作上投入时间较少的员工就会被淘汰。结果，某个人出现在组织更高的职位上，主要是因为他有着更强烈的晋升动机，工作更努力，通常工作时间也更长，而与其能力高低没有太大关系。换句话说，随着职业生涯越来越长，工作时长在职位高低上扮演着越发重要的角色。尽管并非每项研究都表明，在控制了工作时长后，薪酬上的性别差异就消除了，但还是有很多研究发现，如果剔除工作时长因素，男女之间的收入差异会减小。

另外，员工也成为长时间工作文化的共谋者。为了让自己表现突出，表明自己对工作很投入，每个员工都在工作上投入了更多时间。即便企业提供了带薪年假，表面上也允许弹性工作，但很少有员工会真的去享受这些权利。比如，在 IBM 公司，同事之间的竞争压力如此之大，以致很多员工从未休过完整的年假，并且在休假的时候也总是会处理电子邮件和语音邮件。[34] 然而，奉献度和投入度是相对的概念，在很大程度上需要进行人际间的对比。这就形成了一种激烈的竞争机制，用于展现员工多么有价值、多么有牺牲精神，一旦有些员工在工作上比其他同事投入了更多时间，后者就会比前者投入更多时间，更不用说那些一心想要表现自己的员工了。最后，每个员工都成为通宵达旦的工作狂，直到他们生病或死亡。

与裁员的情况很类似，有大量的病理学证据表明，长时间工作和轮班制对人们的健康有着负面影响，但少有证据表明，长时间工作真的能给企业带来好处。同样，长时间工作通常会让员工付出不为人知、不明就里的代价，而这些代价显然不足以抵消雇主获得的好处。事实上，我们可以改变管理方式，在不危及组织绩效的情况下，对员工的生理和心理健康产生积极影响。甚至，不同的管理方式也可以改进企业绩效。

工作时间过长、不规律会损害健康

保罗（化名）为某家制作新闻栏目的主流电视台工作了15年。他说："在新闻行业工作，为了得到晋升，你不得不接受对健康最有害的轮班工作制。我会在周末工作，会在晚上黄金时段工作，会在新闻现场工作。我还报道过突发新闻。"比如，保罗报道过图森（Tucson）市的枪击案，在该事件中，当时在议会工作的女议员加布里埃尔·吉福兹（Gabrielle Giffords）受了重伤，还有6人身亡。这种工作性质使得保罗有时候只能在演播室睡3小时，然后接着工作。由于睡眠不规律，保罗说，他再也无法做到一觉睡3～4小时，哪怕他正在休假，无须随时待命。他继续说道：

> 睡眠不足的结果是，我的生活面临三重"打击"：甲状腺功能减退，缺乏锻炼，喜欢吃垃圾食品。我没有时间为自己做吃的。早上6点半，我就得坐在演播室了，"我真的很累，兄弟，我真的很需要百事公司的零食'立体脆'来给自己补充精力"，我对自己说。然后我就会去自动售货机买垃圾食品。我在这家电视台已经见证了8个台长的就任、卸任。
>
> 我在2008年成为高级制片人，但在2012年时，我辞职了，因为我再也无法忍受了，我长胖了50多斤。我的新陈代谢能力下降了，所有让我保持健康、让我的身体机能保持正常的东西全都不见了。

无论长时间工作是员工为了职场竞争自愿接受的做法，还是受到了企业强迫，无论长时间工作是否缘自拿时薪的员工因收入太低而不得不同时从事几份工作，以便用超时工作换取更高收入这一事实，结果都是很清楚的：长时间工作对身心健康有负面影响，会提高死亡率。此外，相关研究已经发现了长时间工作对健康产生负面影响的某些特定路径。

首先，正如保罗所阐述的那样，长时间工作通常导致睡眠不足，睡眠规律被打乱，而缺乏睡眠对健康是有害的。加拿大魁北克省的一项研究发现，睡眠时间太短比摄入过多油脂或者缺乏锻炼更容易让人长胖。[35] 另一篇文章提到，睡眠不足会对新陈代谢产生诸多负面作用，包括提高压力荷尔蒙皮质醇水平，糖耐量异常，增加患糖尿病的风险。[36]

其次，长时间工作还与滥用药物尤其是滥用兴奋剂有关。2005—2011年，“18 ～ 34 岁的成人因为服用非医用的兴奋剂而进入急救室的数量增长了 3 倍”，而 2010—2012 年，相比之前的 3 年，因为滥用兴奋剂而进入戒毒所的人数增长了 15%。一名创业者在 9 个月内平均每晚只睡 3 小时 25 分钟，直到最后进入精神卫生中心解决她的健康问题，更具有讽刺意味的是，她的创业项目竟然是开发一款健康技术应用软件。医疗专家注意到，服用兴奋剂会导致焦虑、上瘾和幻觉，担心“工作会带来更大的压力，而这种压力又会让人更容易服用兴奋剂”。[37]

再次，长时间工作是很有压力的，因为超时工作会加剧工作与家庭的冲突，这本身就会对健康产生负面影响。我会在本章后面详述这一问题。总之，长时间工作通常是对职场上严苛的工作要求做出的回应，反映了工作本身的强度，它使得员工没有时间放松和休整。

最后，花在工作上的时间越长，更有可能经历因为工作压力出现的职场恶劣现象，比如，遭受职场欺凌、遇到脾气暴躁的上司。此外，如果有些工种的员工在工作中睡着或者不够警觉，比如，飞行员、货车司机和医护人员，疲乏会造成潜在的致命后果，因此不难理解为什么政府会出台监管规定，强制这些人员休息，限制他们的工作时长，改进他们的工作时间安排。然而，即便对于这些工种，雇主通常还是没为员工提供放松的机会或者缩短工作时间。

关于工作时长对健康的影响，证据可谓相当丰富，并且已经存在好几十年了。然而，相关研究结论并未得到足够重视，没有被整合进公共政策和实践中，从而减少由长时间工作导致的代价和伤害。

50 多年前，一项研究发现，男性每星期工作时间超过 48 小时，冠心病的发病率更高。[38] 对年龄在 39 ～ 62 岁、没有心脏病的 7 100 名英国公务员的研究发现，在 10 年之内，相比每天只工作 8 小时的受访者，每天工作 10 小时的受访者患心脏病的概率高出 45%，而每天工作 11 小时的受访者患心脏病的概率高出 67%。即便排除年龄、性别、血压和胆固醇水平等常见风险因素，通过工作时长仍然能够预测受试者未来是否会患心脏病。由于这是一项长期研究，因此我们很容易得出因果结论：长时间工作会导致心脏病。

有研究者使用 2001 年针对加州 2.4 万名员工的研究数据分析发现，每星期工作时长与自称患有高血压存在正相关。而高血压正是诱发心脏病和中风的危险因素之一。相比于每星期工作 11 ～ 39 小时的员工，那些自称每星期工作 41 ～ 50 小时的员工更有可能自称患有高血压；而那些每星期工作时长超过 51 小时的员工患高血压的概率高出 29%。[39] 对日本某家建筑公司

1 000 名员工的一项研究考察了痴迷工作对健康的影响。痴迷工作的意思是，员工自愿选择长时间工作，并且不工作就会不舒服。该研究表明，痴迷工作的程度既与工作绩效也与生活满意度呈负相关，同时还与糟糕的健康状况呈正相关。[40]

对 21 项研究所做的元分析表明，工作时长与生理和心理上的糟糕健康状况之间，存在着一些统计上的显著相关性。[41] 美国国家职业安全卫生研究所对 52 份研究报告所做的回顾考察了长时间工作与患病和工作绩效之间的关系，得出了如下结论：

> 22 项研究中有 16 项处理了总体上的健康影响问题，超时工作与自称总体健康状况较糟糕、受伤率提高、患病次数增加、死亡率提高存在关联。对长时间工作的一项元分析表明，它可能与早产存在弱关联。在两项研究中发现，超时工作与不健康的体重增加有关。在三项研究中有两项表明，超时工作导致饮酒量上升。在两项研究中有一项表明，超时工作导致吸烟量上升。还有一项研究表明，超时工作会导致受试者在神经心理测试上表现更差。[42]

长时间工作还会对心理健康产生负面影响，因为它增加了压力和疲劳程度，并且无法让员工有足够的时间来恢复。比如，对在养老院工作的 473 名护理人员的一项研究报告称，如果每星期工作超过 50 小时，每月有超过两个周末要加班，每月有超过两次两班倒，那么员工抑郁的概率提高了 4 倍。[43] 另一项研究将 1 350 名超时工作的员工与 9 092 名没有超时工作的员工做了比较，结果是无论男女，那些超时工作的员工患焦虑症和抑郁症的概率明显更高。此外，患心理疾病的程度与工作的超时程度线性相关，即工作时间越长，焦虑和抑郁程度越严重。[44]

当波音 787 型飞机落后于计划中的面市进度好几年时，工程师面临着巨大压力。随着公司努力想要尽快拿出这一重磅新品，他们的工作时长显著增加了。一个熟悉波音工程师群体的人告诉我，工程师的劳累感增强了，因为他们的工作时间变长了，同时，该公司附近医院的医生也表示，参与 787 项目的员工患病的概率明显提高。

所有这一切都不意外。毕竟，当人们生病了去看医生，无论是流感之类的小毛病，还是更严重的疾病，我不相信会有医生开出的药方是：更努力地工作吧。相反，医生通常会要求病人卧床休息。压力会破坏免疫系统，而超时工作本身就是一种巨大的压力。

长时间工作对绩效的影响

事实上，我们没有必要用长时间工作来换取更好的绩效表现。**有很多企业希望员工在工作上投入更多的时间，但有确凿的证据表明，不让员工长时间工作对组织更有利，员工也会更加健康，由员工和雇主承担的医疗费用会减少，而员工工作效率和创新能力并不会因此受到负面影响。相反，员工的创新能力有可能还会增强。**

当员工工作过于劳累，他们就会犯错。一名优步工程师提到了 2015 年主数据库出现的一个问题，导致整个服务系统崩溃。“如果你过去 5 天每天都在凌晨 3 点醒来，如果一天只睡 3 ～ 4 小时，你就会犯错，那你想你会犯多少错？”[45]

经合组织的研究人员为经合组织成员国制作了一张图表，显示了 1990—2012 年每个人的工作时长和每个工作小时产生的 GDP。该图表“揭示出，当员工工作时长较短时，工作效率更高”。[46]

第一次世界大战期间，英国军火生产工人健康委员会承担了一项研究任务，想知道如何提高军火生产工作的生产效率。当斯坦福大学经济学家约翰·彭卡维尔（John Pencavel）分析这些数据时，他发现，最佳工作时长是每星期 48 小时。低于这个数，产出会与工作时长成比例下滑。不过“一旦员工工作……超过 48 小时，产出同样会开始下滑”。[47]

2012 年，国际劳工组织发布了一篇报告，其中检视了诸多研究文献，考察了工作时长对工作效率和企业绩效的影响。[48] 该报告提炼出了诸多研究中的精华，表明长时间工作通常会降低绩效表现，比如：

- 一项使用了 18 世纪美国的长期跟踪数据的研究发现，在几乎所有被调查的国家，超时工作降低了每工作小时的平均产出。工作时间延长 10% 会导致工作效率下降 2.4%。[49]
- 有一项研究分析了 18 个经合组织成员国自 20 世纪 50 年代以来国家层面的生产效率，结果表明，工作时长的增加总是伴随着每小时产出的下滑。一旦年度工作时长超过了 1 925 小时，工作时长每延长 1%，会导致生产效率下滑 0.9%。[50]

- 国际劳工组织一份早期的报告提到，减少工作时长会使生产效率提高。[51]
- 针对专业人士的一项研究发现，减少工作时长会让员工对自己的工作表现做出更好的评价。[52]
- 一项针对为员工提供了牙科护理的 6 个企业的研究考察了工作时长的影响。这些企业的员工被随机分配到 3 个实验组中的一个：第一组每星期工作时间减少 2.5 小时，同时增加健身时间；第二组每星期工作时间减少 2.5 小时，但没有增加健身时间；第三组是控制组。该研究既考察了受试者对生产效率的自我评价，又考察了一个客观指标，即接受医学检查的患者数量。在两个减少了工作时长的实验组中，接受治疗的病患都减少了，而增加了健身时间的那一组受试者自称工作效率提高了，同时休病假的次数也减少了。[53]

因此，那种认为更长的工作时间会带来更多产出的简单观念是错误的，因为疲劳的员工会产生更多错误。大量的实证证据支持如下观点：当工作时长超越某个阈值，减少工作时长会改善员工的健康、工作效率和工作绩效。换句话说，通过减少员工的工作时间来改善员工的福祉，并不会让企业付出经济代价。

工作与家庭冲突及其影响

新闻制作人保罗所在的工作单位以女性居多，而且大多数女性是单身。

“我们称她们是‘新闻修女’，我想她们不会喜欢这个称谓，但我们一直都这样称呼她们。”保罗刚到这家媒体时，部门有 42 个“新闻修女”，5 年后，只剩下了 12 个。保罗是唯一有孩子的已婚人士。出现这种现象不是没有原因。在保罗离开电视台之后，有一天他跟自己的女儿聊天，女儿曾经对他作为新闻制片人感到十分自豪。

> 保罗说：“我不在这家媒体工作了，你觉得很遗憾吗？”
>
> 她说：“不，我很高兴。因为现在你可以在这里听我说话了，现在你可以在这里听我讲故事了。”然后她突然发现自己说错了话，闭上了嘴。过了片刻，她又忍不住说：“当然，你以前也听过别人说话，你总是会听斯克罗利先生的话。”
>
> 天！斯克罗利先生可是我的黑莓手机啊！

当人们没有足够多的时间去做自己要做的事情时，我们把这一境况称为“角色过载”（role overload）。当人们扮演的某个角色（比如，作为一名员工）所要求他们做出的行为，与他们扮演的另一个角色（比如，家庭成员）所要求他们做出的行为发生冲突时，我们把这一现象称为“角色冲突”（role conflict）。对角色冲突和角色过载的长期研究一再发现，那些遭遇了行为期待冲突的人及那些心有余而力不足的人，会感受到更大的压力。[54] 因此，毫不奇怪的是，角色冲突和角色过载与糟糕的后果有关，包括员工离职率上升、员工工作绩效下滑。

工作与家庭冲突有两种表现形式：第一种形式通常被称为“家庭对工作的干扰”，员工会因为家庭事务分心，会因为参加与家庭有关的活动而放下手头的工作，如照料或者安排如何照料生病的家人，可见家庭需求会影响工作表现。第二种形式被称为“工作对家庭的干扰”，这种情况表现为工作需求影响了员工履行家庭义务的能力，比如，会见孩子的老师，为孩子所在的体育团队提供指导或帮助，花时间与配偶或其他家庭成员交流。

正如人们所预料的，实证研究一再表明，工作与家庭的冲突会对身心健康造成负面影响。比如，针对纽约伊利郡近 2 000 名成人的一项研究发现，即便排除性别、种族、教育程度、家庭收入、婚姻状况和子女数量等因素，工作与家庭冲突越严重，抑郁程度就越高，身体健康状况也越糟，饮酒量越大。针对纽约水牛城约 700 个家庭的第二项研究重现了前述结论。两项研究都发现，工作与家庭冲突对男性和女性造成的影响是相似的。[55]

一项针对 2 700 个成年职场人士的研究提到，相比于自称没有经历过工作与家庭冲突的受试者，那些自称经历过这种冲突的受试者遇到具有临床诊断症状的心理问题的概率高出 2 ～ 30 倍，受影响程度取决于具体的情绪强度或者药物滥用情况。[56] 当然，也许还有这样一种可能性：身心健康问题导致了工作与家庭的冲突，而非相反。为了考察这种可能性，从而更好地建立因果关系，有研究者进行了一项为期 4 年的研究，结果表明，家庭对工作的干扰与更糟糕的身体健康状况和更严重的抑郁症状有关，而工作对家庭的干扰则与饮酒量增大有关。[57]

研究还发现，工作与家庭冲突所表现出来的角色过载特征，会影响夫妻交流[58]和婚姻满意度[59]。角色冲突则通常会促使员工撒谎。这一发现是讲得通的，因为平衡冲突、调和不兼容的需求的一种方式就是撒谎。[60]

身心健康问题、撒谎、婚姻满意度下降以及类似的后果，都是西班牙IESE 商学院教授努丽娅·钦奇拉所说的“社会污染物”。她这么说的目的是什么呢？她想表明，工作与家庭的冲突会让因病休假的情况增加，而这会给企业带来损失。[61]

让工作时间更加灵活，让员工有更多机会因为家庭事务丢下工作，让员工的工作时间缩短，所有这些既符合企业的利益，也符合公众利益，而无论是企业还是公众，如今都在承受由超时工作和工作与家庭冲突所导致的不断增长的社会代价。

为什么有些企业和国家的做法大相径庭

并非每家企业和每个国家都鼓励长时间工作，鼓励工作与家庭发生冲突。有证据表明，它们可能已经明白了其中的道理。巴塔哥尼亚公司人力资源总监迪安·卡特尔描述了该公司提供的十分慷慨的、以家庭为导向的福利：

> 在我们公司，我们真的非常看重家庭。我们在办公场地提供了现场的托儿服务。所有父母，在任何时间，都被鼓励去“托儿所”看望自己的孩子。你可以与孩子吃早饭，与他们吃午饭。如果你只是想坐在操场上与他们待上一会儿，你也可以这样做。我们真的非常慷慨，为父亲和母亲提供带薪产假，其中父亲的产假有 12 个星期，母亲的产假有 16 个星期。你每年最多还可以休 12 个星期的带薪假，回家照顾自己年迈的父母。

如果要我说巴塔哥尼亚的企业文化中有哪一点产生了最大的影响，我会说我们的“托儿所”和家庭政策真的非常了不起。比如，如果你是一位正处于哺乳期的母亲，需要跑很远来上班，你可以带上你的孩子和保姆来我们的“托儿所”，我们会为他们支付交通费。

每个国家和每个企业都会与其他国家和其他企业争夺优秀人才，那些创造条件让工作与生活实现平衡的企业，在人才争夺战中更有优势。在巴塔哥尼亚公司，“有 99% 的母亲会重回工作岗位，比全国平均水平高了大约 20%，因为我们为作为母亲的员工创造了极好的条件”。

“人才战”已经是一个老生常谈的话题。很多国家通过投资于教育和培训，打造自己的人力资源优势。企业不仅会投资于员工培训，而且会投资于有潜力的员工，并制订政策和推行计划，以确保这些员工能留下来。缩短工作时长，实行弹性工作制，推行工作与家庭平衡的政策，这些做法都是实现这一目标的重要途径。

在公司层面，位列《财富》杂志最佳雇主名单的企业通常会比其他企业带来更大的股东回报。这些公司更有可能提供轮岗机会，减少每星期工作时间，鼓励远程办公，为员工家庭提供更慷慨的福利，以便创造条件，帮助员工更好地实现工作和家庭的平衡而非冲突。包括德勤、谷歌在内的一些管理咨询公司、会计师事务所和其他专业服务机构已经在努力减少工作时长，实行弹性工作制，以便吸引和留住人才，因为这些人才越来越不想因为事业而牺牲自己的生活。家庭友好型的工作环境会让企业在招揽人才方面具有优势，当然，可能更为重要的是，这种做法也有利于留住人才。

通常被认为是美国最佳雇主的谷歌有一个愿景，“让自己的员工成为世界上最健康、最开心的人”。正如 2011 年的一篇文章所描述的：

> 2010 年，谷歌正式推出了自己的“最佳生活”计划，作为新医保计划的延伸部分……谷歌所提供的慷慨福利包括员工援助计划……生活指导、深度睡眠研讨、智力训练、社交支持和睡眠舱……员工可以在睡眠舱中小憩 20 ～ 30 分钟。[62]

当然，谷歌有实力这么做。但不只是软件公司会通过设定合理的工作时长来顾及员工的福祉，还有不少身处传统行业的公司也在这么做。全食超市公司虽然身处竞争激烈的零售行业，但在 2017 年最佳雇主榜单上排名第 58 位。在受访的该公司员工中，有 85% 的人表示，当觉得有必要时，他们可以随时休假。

关于工作时长问题以及其他影响员工健康的问题，每家公司的政策都不一样，但这些政策在很大程度上取决于公司领导的价值观及其行为。界标健康公司首席执行官相信，如果他的员工要照顾好他人，必须先照顾好自己。巴塔哥尼亚公司创始人写过一本书《让我的员工尽享生活》（*Let My People Go Surfing*）。他明确指出，工作不应该成为生活的全部。

然而，由创始人或首席执行官随意决定公司采取何种职场政策，这种做法有可能会将员工的身心健康置于危险境地，因为更换高管或者创始人的突发奇想，都可能使政策变得不合理。考虑到我们不会把食品安全问题交由首席执行官随意处理，也不会让首席执行官来决定公司能否污染环境，所以，如果员工的健康与以上问题同样重要，那么它就不应该像现在这样，屈从于某个首席执行官的价值观。我将在第 8 章回到这个问题上来。

不同的企业和国家在应对工作与家庭冲突的问题上做法不尽相同。众所周知，在发达国家中，美国是唯一不强制雇主提供带薪年假和病假的国家，同时也几乎没有强制雇主为实现员工工作与家庭的平衡创造条件。来自加州大学黑斯廷斯法学院职场法律中心的一份报告提到：

> 将 20 个高收入国家与美国比较，其中有 17 个国家通过立法来保障父母调整工作时间；有 6 个国家通过立法帮助父母履行照顾小孩的责任；有 12 个国家允许调整工作时间，以促进员工终身学习；有 11 个国家支持渐进式退休；有 5 个国家通过立法，允许所有类型的员工与企业订立不同类型的工作契约，而无需任何特殊的理由。[63]

尽管很难确证因果关系，但值得注意的是，有没有这些政策，对于女性劳动力进入就业市场可能产生影响。“如今，有劳动能力的美国适龄女性（25 ～ 54 岁）的就业率止步不前，在 20 个高收入国家中低于其中的 14 个国家……美国女大学毕业生的就业率比其他 20 个国家都低。”[64]

系统性的证据和诸多案例表明，与工作时长和工作与家庭关系有关的政策和实践，影响着企业和国家对人才的吸引、培养、保留和使用，而如何在这件事上做得更好，已经变得越发重要，因为越来越多的工作对人们的创造力和技能提出了高要求。

员工应该怎么做

用公共政策来解决超时工作和工作与家庭冲突所导致的代价问题，这是有可能的，但随着全球范围内政府对劳工市场的管控逐渐放松，我并不对公共政策抱有多大信心。也许企业可以自行采取措施来解决这些问题，就像有些企业已经做到的那样，但对此我仍然不抱有太大希望。

简而言之，员工需要照顾好自己，无论他是自由职业者还是企业雇员。这意味着员工不要只为自己争取经济利益——这很重要，但其他利益同样不可忽视。在我为撰写本书所做的研究中，我经常听到如下说法："我知道不可持续的长时间工作和不重视把时间花在家庭上都会导致糟糕的后果，比如，出现身心健康问题，但我还是会继续这样做，因为我真的别无选择。"很多人都会产生各种奇怪的、一厢情愿的想法，认为他们必定能够奇迹般地逃过有害的职场环境施加于他们的健康后果，比如，自己还很年轻，有着强大的基因等。然而，遗憾的是，尽管他们可以将自己一厢情愿的想法合理化，但现实世界很难如他们所愿。

我的建议是：行动起来，在职场上关心自己的福祉。不要再麻痹自己，认为糟糕选择所带来的糟糕后果不会发生在自己身上；不要再为自己找借口，认为自己在职场环境和员工福利等事上无能为力，相反，你应该让自己的工作时长具有可持续性，要明白不同的人精力是不一样的，忍耐度也是不一样的。该休假就要休假，花足够多的时间在家人和朋友身上，从而获得人际支持，很多研究都已经表明，人际支持对于一个人的福祉至关重要。女性员工若非出于医学上的必要，不要仅仅出于工作上的考虑，选择剖宫产[①]，这不仅不利于健康，而且是推高医疗费用的一大原因。

最重要的是，当你思考各种工作机会、企业和职场生活的方方面面时，要意识到你的选择和行为对于你的身心健康有着重大影响。换句话说，尽管有很多人正在为谋生付出代价，甚至付出生命的代价，但你未必要成为他们中的一员。

① 有些企业鼓励剖宫产，因为它们不想让怀孕的员工在产前过早休产假。——译者注

DYING FOR A PAYCHECK

第三部分

让员工更健康、让企业更有效率的远见

DYING FOR A PAYCHECK

第6章

掌控感和自主权，好工作必备的两个要素

企业了解员工流失率高和因病缺岗所导致的代价，也知道赋予员工工作自主权的重要性，很多企业还会面向员工做工作满意度调查。然而，在努力营造更有吸引力的工作环境方面，企业经常把关注点放错了。它们喜欢为员工提供小恩小惠，因为这很容易做到，却忽视了企业需要对塑造职场环境的重要因素做出更具挑战性且更为重要的改变。比如，硅谷和其他高科技企业普遍喜欢为员工提供“特殊待遇”，这似乎让商业记者和外界特别感兴趣。正如一名记者提到的那样，“慷慨的特殊待遇跟‘独角兽’企业和身家几十亿美元的富豪一样，都是硅谷光环的一部分”。企业“疯狂地为员工提供特殊待遇”，包括“免费搭乘直升机，在办公室免费供应酒水，为员工理发，为员工提供健身辅导课，修理自行车，提供小憩舱、海洋球池、室内篮球场、拱廊大小的游戏室和专门的糖果厨房”。[1]

然而，那些真正能够吸引、留住和激励优秀人才的企业，那些真正能让员工保持身心健康的职场环境，绝不只是为员工提供这些精巧的便利设施，员工也不会只被这些小恩小惠吸引。提供小憩舱、免费食物以及允许员工带宠物上班，这些做法并不能抵消职场环境中存在的巨大压力。

对员工满意度和工作效率以及身心健康至关重要的，是工作环境以及工作本身。职场中最好不要有喜欢蔑视和辱骂员工的领导，但这种不文明的职场欺凌大量存在，并且会给员工的身心带来伤害。[2] 企业应该让员工拥有私密的办公空间，或者至少让办公场所保持合适的温度、良好的光线和隔音，因为这样的物理环境不会给员工造成压力。[3] 不过，**本章要关注和探讨的最重要的内容是营造健康职场环境的两大关键因素，这是任何企业、任何行业不用花大价钱就能提供的东西，从而提高员工的福祉。这两大关键因素一个是工作掌控感和自主权，一个是人际支持**。接下来我们将提供证据，表明这两大关键因素的重要性，并给出一些营造健康职场环境的案例，看看这些企业是如何让员工有工作掌控感和自主权，并建立起有利于身心健康的社会关系，进而得到更多人际支持的。

工作掌控感、自主权和健康

20 世纪 70 年代，英国流行病学家迈克尔·马尔莫和他的同事注意到一个有趣的事实：在英国公务员体系中，一个人的职位越高，患心血管疾病或者冠心病的风险越低。[4] 为何更高的职位与更佳的健康状况正相关？马尔莫做了一系列被称为“白厅”的长期研究，想搞清楚这一点。这项研究之所以叫“白厅”，是因为英国国家公务员大多在名叫“白厅”的大楼里办公。在这种属于前瞻性的群体研究中，受试者被召集起来做初步评估，然后过一段时间，再做新一轮评估，并且在此期间，研究人员会跟踪他们的健康状况。当然，与其他实地研究类似，通常不可避免的情况是，受试者不是随机样本。此外，出于伦理和实践原因，研究人员无法将受试者随机分配到不同的工作环境中，体验程度不一的工作掌控感。不过，这项研究还是排除了受试者的初始体重指数、血压、胆固醇水平、血糖水平、年龄、性别等因素，以及其他可能影响健康的个人行为，比如，吸烟。然而，即便排除了这些因素，由职位高低所衡量的社会地位对于健康而言仍是至关重要的。为什么呢？

研究发现，员工在多大程度上拥有工作掌控感与其职位高低有关，而工作掌控感的强弱，解释了公务员职位的高低对患心血管疾病的影响。和大多数组织的情况一样，英国公务员的职位越高，其享有的工作掌控感越强，即使他们通常面临更严苛的工作要求，但他们对自己做什么、如何做、何时做拥有更多的自主权。这一研究结论在逻辑上是讲得通的，因为在一个有权力等级的组织中，一个人的职位越高，通常他会拥有更多的自主权和决策权。在“白厅”研究的第二个阶段，马尔莫及其同事从 1985 年开始跟踪了 7 300 多个受试者，直到 1991—1993 年才宣告结束。他们调查了受试者自称经历心绞痛的情况，也调查了受试者被医生诊断出冠状动脉变窄的情况。马尔莫及其同事将他们得出的结论概述如下：

> 研究发现，经过年龄调整后，与职位最高的男性公务员如管理者相比，普通职员和后勤员工等职位最低的男性公务员新患上任何一种冠心病的比值比为 1.50。就这两类员工而言，对健康影响最大的疾病是得到医生确诊的心肌缺血，相较于职位最高的公务员，职位最低的公务员患心肌缺血的比值比为 2.27。对女性公务员而言，职位最低的公务员患任何一种冠心病的比值比为 1.47。在研究人员所考察的各种因素中，导致冠心病发病频率提高的最重要因素是缺乏工作掌控感，而工作掌控感的强弱又与社会经济地位的高低有关。

与之相比，通常被视作体现了人生早期健康和福祉的一项指标——身高和患冠心病的其他常见风险因素则是不那么重要的因素。[5]

考虑到随着年龄增长，人们的健康问题不断增多，死亡率日渐提高，研究者通过年龄调整剔除了相关影响因素。其研究结论意味着，相比于职位更高的员工，职位更低的男性和女性员工自称有过胸痛和心绞痛的概率高出 50%，而男性员工患上得到医生确诊的动脉变窄的概率高出 2 倍。此外，工作掌控感是预测是否会患心脏病的最重要指标，甚至比吸烟的预测能力更强。

当然，虽然冠心病是一项重要的健康评价指标，但它只是诸多指标中的一个。“白厅”研究还评估了员工职位不同对因病缺岗造成的影响。马尔莫及其同事发现，职位最低的男性公务员因病缺岗的概率是职位最高的男性公务员的 6 倍。对女性公务员而言，职位差异的影响相对较小，但仍然显著，那些职位最低的女性公务员因病缺岗的概率是那些职位最高的女性公务员的 2 ～ 5 倍。[6]“白厅”研究的数据表明，工作压力与出现新陈代谢异常症状有关，前者源自严苛的工作要求和低水平的工作掌控感，后者是预测患心脏病和 2 型糖尿病的风险因素。相较于没有工作压力的员工，那些在工作上面临慢性压力的员工出现新陈代谢异常症状的概率高出 2 倍。[7]

工作掌控感对健康的影响不仅对英国公务员适用。威斯康星州的一项长期研究跟踪调查了 1 万多名 1957 年从威斯康星高中毕业的男女。这项长期调查问了受试者关于健康、工作特征等问题，也问了其他重要的控制变量，比如，受教育状况、童年健康状况、抽烟喝酒之类的与健康有关的个人行为。

当然，这不是一个完全随机的样本，1957 年，威斯康星高中只有相对较少的少数族裔学生，并且很多学生没能毕业。然而，受试者提供的长期数据还是呈现了某些因果关系。研究者通过对这群受试者的持续跟踪，分析了他们在 54 岁（1993 年做的调查）至 65 岁（2004 年做的调查）间的健康变化情况。在这 11 年间，有 7.4% 的女性和 11.2% 的男性去世。该研究评估了受试者自我报告的身体健康状况，但没有将工作特征或其他变量与死亡关联起来。该研究发现，1993 年女性对工作的掌控感与她们 11 年后所报告的身体健康状况之间，存在着统计意义上的显著相关性，但这一点对男性受试者并不适用。[8]

其他研究也发现工作掌控感与健康之间存在关系。对欧洲医院员工的一项横向研究表明，在西欧，工作自主权与健康状况是正相关的。[9] 对瑞典 8 500 个白领的一项研究发现，相比于影响力更小、自主权更少的人，那些经历过企业重组并在重组过程中发挥了作用、具有更强工作掌控感的人，其幸福程度更高。在 12 项健康指标中，工作掌控感更强的员工在 11 项指标中表现得更好，更少休病假，抑郁的可能性更低。[10] 印第安纳大学对威斯康星 2 363 名居民的一项为期 7 年的长期研究发现，那些工作要求很高但工作掌控感很弱的员工其死亡率高出了 15.4%。[11]

毫不奇怪的是，工作掌控感既对身体健康有影响，也对心理健康有影响。毕竟，无论你的收入和职场地位有多高，无法掌控你的工作环境是一件很有压力的事情，也传递出了一种无力感。针对美国东北部 72 个不同机构近 700 名员工的一项研究显示，工作掌控感与自我报告的焦虑和抑郁程度存在着统计意义上的显著负相关性。[12] 员工的工作掌控程度越强，他们的焦虑和抑郁程度越低。

如果你想让任何动物变疯，让其变得虚弱、沮丧和无助，最有效的一种办法就是对其任何行为施加随意的处罚，或者对其提出随意的要求，剥夺其对环境的掌控力。这条法则无论是对动物还是人类，都适用。我相信，大多数工作过一段时间的人，都经历过管理者随意变更截止日期和工作任务带来的不快。还有的管理者并没有提供足够的信息让员工更好地完成工作，却以工作表现不佳为由，不公正地批评员工，这同样使人心烦。在我从事研究的过程中，有些人告诉我，他们曾经历出差计划被临时“调整”的情况，并且没有得到任何合理的解释，而当时他们已经在出差的路上。不断变化的绩效评估标准也使得他们很难知道怎样才算是把工作做好了。还有一些人告诉我，老板一到办公室，工作氛围顿时就紧张起来，这使得他们会去猜测，老板心情如何，自己将度过美好还是糟糕的一天。

有受试者给我讲过一个特别典型的故事：有一个领导空降到某个团队，在这里，每个团队成员都有自己的业绩指标要完成。其中一个女员工业绩完成得最好，也被公司以及她所在团队视为管理者的最佳候选人，但她被新来的领导解雇了。迫于公司压力，这位领导做出了“解释”，他向他的副手说，他无须给任何人一个解释。

当领导者随意行事时，员工就不知道该期待什么，或者该做些什么。这会损害员工的身心健康。对习得性无助[①]的相关研究表明，尽管有很多事情是我们无法控制的，但“这类无法控制的事情还是会显著损害我们的健康，

① 习得性无助，是指一个人经历了失败和挫折后，面对问题时产生的无能为力的心理状态和行为。——编者注

使得我们在面对创伤和情绪压力时产生无力感，没有能力知道做出响应是否起作用”。[13] 难怪工作掌控感可以预测患病率和死亡率，更强的工作掌控感显然可以带来更好的健康状态和更长的寿命。

研究表明，切断行为和后果之间的联系，让员工对职场上发生在他们身上的事情很少有或没有控制力，将削弱员工的行为动机和努力程度。原因是很好理解的，根据对习得性无助的相关研究，无法掌控的事情会对人们的动机、认知、学习和情绪状态产生负面影响。[14] 如果人们对于发生在自己身上的事情采取了行动，但行动后果却无法预测，那么他们就会停止行动。毕竟，当努力的结果不可控从而使得努力没有意义时，为什么还要继续努力呢？

一名为自己所在公司组织数字健康会议的员工曾告诉我，在他把即将召开的会议的初步方案报给上司之后，上司的反馈是：“我不觉得这个方案很吸引人，我认为你应该放弃这个方案，做个更好的再报上来。”这名员工描述了他当时的反应：“一方面，上司让我重做方案，这让我觉得自己的工作毫无价值；另一方面，我没能得到任何帮助或者反馈，以便把工作做得更好，我又何苦为此烦恼呢？”就这个案例而言，领导随口而出的批评让员工放弃了这个项目：“我为什么还要继续呢？”

我们再看看与学习有关的案例。尽管并不完美，但人们拥有适应性的学习能力，能够从观察别人的做法和从自身的经验中学到东西。比如，不要把手放在热火炉上，否则你将被烧伤；不同的食物吃起来是什么味道；如何在不同的环境下取得成功。如果人们有能力通过观察来了解行为和后果之间的关联，那么他们就能在某种程度上获得对环境的掌控力和演化优势。不过，最重要的学习原则是，不同的行为在很大程度上能产生可预测的结果，使得人们可以知道需要怎样做才能达到自己的目标。请想想看，如果一辆汽车的刹车一会儿变成油门，一会儿又变成变速器，而且这种变化是随机的，那开车的难度该有多大。研究表明，当结果不可控时，不仅学习很困难，更糟糕的是，“觉得结果不可控可能会让人们对实际上已经学会的东西产生怀疑，即觉得不可控可能会阻碍人们对掌控感的感知”，[15] 哪怕他们已经在一定程度上掌握了某种知识，也是如此。

失去工作掌控感会让人们觉得沮丧，而良好的自我感觉部分来自有能力做好分内工作的那种征服感和成就感。但如果身处工作掌控感很弱的环境，人们的责任和自主权就会更少，从而觉得自己没有能力或者无法取得成功。结果，人们更有可能感受到压力和沮丧。尤其是对于之前取得过成功的人而言，在工作上遭遇失败，并且不知道如何改变这种状况，总是会导致他们退缩，要么离开公司，要么减少努力，或者两者兼而有之。此外，对自己的行为以及对发生在自己身上的事情没有掌控力，会让人很有压力，而压力又会激发诸如抑郁和焦虑之类的负面情绪。工作掌控感影响着人们的学习能力、动机和情绪，并由此影响着他们的身心健康。

什么是工作掌控感以及为什么很少人拥有它

当你还是个孩子时，父母和老师会告诉你该做什么。随着年龄的增长，你会肩负更多的自我责任，比如，考取驾照、管理好自己的饮食和作息时间。你会开始做一些影响你生活的抉择，比如，学什么专业，在哪里定居，跟谁成为朋友，如何度过每一天。然后，有一天，你会找到一份工作。在职场，你可能会发现自己又重新回到了“婴儿状态”，你对于自己可以做什么、如何做没有了决策权，当然，这取决于你有什么样的上司、雇主和工作。这种现象真是太糟糕了。大多数人都想有决策权，都想在工作中使用自己的经验和技能。已有大量证据表明，当人们无法做决策，对自己的工作也没有足够的掌控力时，他们就会感到有压力，产生健康问题。

一位在加州大学伯克利分校接受过专业训练、如今在玩具行业工作的律师曾告诉我，公司里有很多人是基于业务能力而非管理能力得到提拔的，而这种管理能力包括财务管理能力，确保团队按时完成项目的能力，等等。很多管理者不懂管理，不会指导和帮助员工更好地完成工作，由此造成的最大问题在于，这类管理者往往会越俎代庖。当管理者做了员工该做的事情时，员工就失去了上司本应赋予他们的自主权和掌控感。这位律师评论说：

> 我现在的雇主非常喜欢员工待在办公室，喜欢员工坐在自己的办公椅上，如果员工不在岗位上，他就会起疑心。他非常讨厌远程沟通、弹性工作制之类的东西。这让人感到泄气和不满。我需要自主权，我需要觉得我有一定的掌控力，哪怕这只是一种幻觉，或者只是小事一桩。但有了一定的自主权，我才会觉得我是一个人，在每天的工作中运用着我的自由意志。被管得太死真的太让人生厌了。

工作环境并非必然如此。在巴塔哥尼亚公司，人力资源总监迪安 · 卡特尔注意到，公司的创始人和大股东伊冯 · 乔伊纳德（Yon Chouinard）认为，公司是这样一种地方：每个人都知道自己的角色，知道自己需要做什么，并且可以在完全没有任何管理的情况下独立工作。乔伊纳德带头采用了一种他所谓的“缺席管理”原则，让巴塔哥尼亚公司通过“构建真正扁平化的组织架构，力图使更多的员工参与微观管理”，从而确保公司不存在管理者越俎代庖的情况，“这些机制都是公司刻意设计出来的”。巴塔哥尼亚公司信息技术部门的一位负责人提到，公司创始人写过一本书《让我的员工尽享生活》，书中提到公司的价值观是，“当天气很适合户外运动时，比如，适合在加州凡吐拉（Ventura）市冲浪，在里诺市滑雪，公司允许员工休假去好好享受生活”。

Zillow 公司有 4 条领导力原则，其中一条是“为你的团队赋能”。正如公司学习与发展部门的一名员工所说的那样，“管理者的职责是支持团队，帮助团队清除障碍，而不是成为发号施令者”。希瑟·瓦西·莱夫斯基（Heather Wasie Lewski）是界标健康公司的人力资源负责人，之前在达维塔保健公司工作了十多年，他提到：“如果人们感到自己正在做的工作没有得到认可，认为自己应该有发言权，觉得被管得过多过严，他们的工作满意度就会更低，他们会觉得更累。”

人们通常以为，让员工拥有工作掌控感，这种做法只适用于某些工种和某些员工。然而，情况并非如此，管理者可以让每个工种和每个员工拥有更多自主决定权，在更大程度上掌控自己的工作。共同健康是一家总部位于旧金山、致力于健康福利管理的公司，它也十分关注自己员工的健康。安德鲁·哈尔珀特（Andrew Halpert）是该公司负责提供医疗和人际支持解决方案的高级主管，他告诉我共同健康公司是如何创造“患者利益维护者”这一工种的，从事这份工作的员工要通过电话回答客户没能得到解决的健康方面的问题。当然，公司也要在竞争激烈的劳工市场争夺人才，也会为员工提供他所谓的“看得见的福利”，比如，舒适的办公环境、健康的食物等。但公司还招聘了不同类型的员工，并赋予他们更多的自主权和影响力。哈尔珀特提到：

> 大多数健康咨询公司会把客户呼叫中心放在美国中西部城市，并且只招聘至少有几年电话服务经验的员工，但共同健康公司的做法则不同，我们会招聘斯坦福大学、宾夕法尼亚大学和加州大学戴维斯分校等顶尖大学的应届毕业生。这些新来的应届毕业生学的专业可能是人体生物学，想把医疗服务作为自己的事业，同时又想为一家有趣的创业公司工作。你可能想问：“如何才能让这群聪明人投入工作，喜欢上这份工作，而不觉得厌倦和不满？”
>
> 首先，我们会好好培训他们。他们本来就已经拥有了良好的技能，能够把工作做好。但最终，他们所做的工作大多是接听电话。我们所做的事情之一，是每隔几周就让员工搬到同一层办公楼的其他区域，这样会让员工保持新鲜感。我们还会让他们轮岗，做不同的工作。比如，某一星期他们会做与落实健康福利有关的协调工作，另一星期他们会做其他类型的工作，因此他们可以更全面地了解公司的整体运营。
>
> 团队的负责人会明确告知团队成员，一旦发现问题，一定要把它反映出来，然后与包括工程师在内的其他团队协力解决。换句话说，员工有权与其他员工协作解决他们所发现的问题。如果你有一群喜欢思考、有能力、有良好技能的员工，你就会发现，他们会相

当高效地解决问题。否则，问题只会被反复地推诿塞责，然后诉诸管理层来解决。当然，从员工薪酬的角度来衡量，因为公司招聘的是更优秀的员工，他们的薪水更高，所以公司的成本似乎也更高。但优秀的员工愿意投入更多时间来解决问题，这也是我们与其他公司的不同之处：我们能够解决问题，而后者总是会不断遇到各种问题，并且一直得不到解决。

员工有权与团队成员一起为客户提供更佳的体验，这种做法可以带来一定的积极效应。首先，共同健康公司为员工提供了福利和医保，这会让作为公司客户的员工真正地将它们视为福利，而不是一种幌子，从而提高客户员工的留存率。其次，共同健康公司的这种组织和授权方式，也能通过让员工从事更有趣、更有价值的工作，从而提高公司员工的留存率。最后，这一组织机制在解决问题方面更加有效，而不会拖而不决，并且为客户公司的人力资源部门提供了有益的经验。

正如前面的例子所阐明的那样，工作掌控感不仅会影响员工及其健康，还会影响雇主。几十年来的研究一再表明，工作自主权——关于你要做什么以及如何做的决策权，是工作满意度和工作动机最重要的一项预测指标，甚至通常比薪酬还重要。[16] 工作自主权还会对工作表现产生积极影响[17]，因为它既有利于增强工作动机，又允许员工使用他们所掌握的所有技能和信息，以最好的方式把工作做好。

和本书所探讨的很多其他情况一样，改善员工的健康状况与出于雇主利益而增强员工的工作动机、改进员工的工作表现之间，并不存在真正的冲突。如果能让员工有更多的工作自主权和掌控感，那么员工的工作动机会增强、满意度和表现会改善，员工也会变得更健康、寿命更长。

那么，如果拥有工作掌控感对员工是件好事，让员工拥有工作自主权也有利于雇主，为什么赋予员工工作自主权的情况在职场中并不常见呢？为什么很少有员工对自己的工作内容、工作时间和工作方式具备足够的掌控力呢？关于职场的研究表明，在很多国家，员工的工作自主权正在削弱，[18] 部分原因可能在于，计算机对很多工种的监控力度越来越大，比如，监控呼叫中心的一个员工每天打了多少个电话，一名医生每天看了多少个患者，一名内科医生每天为患者做了多少次检查，监控系统都显示得清清楚楚。盖洛普和其他大型人力资源公司所做的调查一再表明，自主权的削弱导致员工普遍对自己从事的工作不投入、不满意。

是什么因素限制了员工获得工作自主权，这正是我和社会心理学家罗伯特·西奥迪尼① 及他的两个博士生在20年前就开始研究的问题。我们的直觉告诉我们，人们喜欢对自己、对自己的工作效率和能力感到满意，有动力实现自我提升，因此，人们有动机通过认知行为来形成自己的观念和理解，从而增强自信心。这些自我提升的动机产生了两种心理后果。第一种，人们常常遭遇控制幻觉，相信只要他们能接触或干预某件事情，其结果就会因为他们的干预而变得更好。关于控制幻觉的经典研究表明，人们通常认为自己能够成功地影响随机发生的事件。[19] 第二种，由于人们很自信，相信自己有能

① 罗伯特·西奥迪尼，美国著名社会心理学家，全球知名说服力研究权威，其代表作《影响力》中文简体版已由湛庐策划，浙江人民出版社于 2015 年 10 月出版。——编者注

力对结果产生积极影响，因此人们倾向于认为，如果他们在工作中的干预（或者自认为的干预）力度越大，工作成效就越明显。简而言之，人们坚信对他人工作的监督是起作用的。

为了验证这些观点，我们设置了三组试验，包括对照组、监督组和反馈组，每组有两个受试者。我们告诉每组受试者，我们会随机决定他们组的其中一人为监督者，另外一人则要完成一项具体的任务。在这个试验中，具体的任务就是撰写广告文案。每个受试者都以为自己是监督者，而组内的另一个受试者在另一个房间中写文案，但真实的情况是，他们都是监督者。在对照组中，我们会给每个受试者一份完整的最终文案。在监督组中，我们会给每个受试者一份半成品文案，然后让他们填写反馈意见表，做出评价，但会告诉他们由于沟通不畅，所以另一个房间里的受试者不会得到这些反馈意见。在反馈组中，我们会给受试者一份相同的半成品文案，并让他们填写反馈表，让他们相信在另一个房间的人会获得这些反馈。

相较于对照组中只看到最终文案的受试者，反馈组中的受试者相信自己的反馈意见被给到了“被监督者”，他们对文案、对自己和自己的“被监督者”给出了更高的评价，大约是前者的两倍；监督组的评价处于中间位置。这一差异不仅在统计意义上是显著的，而且在逻辑上也是讲得通的。这个试验证明，人们会对自己有参与的事情给出较高的评价；对自己没有参与的事情给出较低的评价。如果人们仅仅因为自己在工作中做出了干预，就对自己、自己的“被监督者”和相应的工作成果给予更高评价，那么管理者很难给员工授权也就不奇怪了。因为当管理者将控制权让渡给他人时，他们会认为不只是自己，被授权者的工作效率也都会更低，这种情况下的工作成效不如他们提供监督或做出干预时的工作成效。[20]

虽然心理偏见也许会让授权变得更难，但对工作表现和健康效应的研究表明，工作掌控感是影响健康和工作效率的关键职场因素。正如对共同健康公司一线员工和对工作自主权几十年的研究所表明的那样，我们有可能为各种工作赋予更多的自主权。

人际支持与健康和福祉

在介绍达维塔企业文化的一段视频中，一名女员工讲述了当某个员工患上乳腺癌时，同事们如何发起面包售卖活动，为她筹集资金，给她带去食物，很多很多食物。一位单亲母亲几乎含着眼泪说，她在十字路口被一辆车撞坏了盆骨，几乎无法照顾自己年幼的孩子，这时公司和同事伸出了援助之手。这两个例子清楚地告诉我们，人们不仅会感谢他们得到的具体帮助，还会感恩他们是所在社群的一分子。达维塔公司援引法国小说《三个火枪手》中的文字，将“团结一心”当作公司的企业文化。

如果说工作掌控感是营造健康职场环境的一个重要因素，那么人际支持就是另一个因素。自 20 世纪 70 年代以来的研究一再表明，人际支持与员工健康之间存在关联。[21] 建立良好的友谊关系对“你的健康的好处跟戒烟一样大，甚至比健身的好处还大”。然而，研究证据表明，“美国人自称没有亲密朋友的人数在最近几十年里增加了大约 3 倍”。[22]

证据显示，人际支持，即有可以依靠的家人和朋友，并且与他们关系良好，对健康有直接的好处，也能缓冲各种心理压力对健康造成的损害，这就是所谓的“缓冲假说”。比如，一项研究提到，“人际关系较差的人死亡率更高”，“人际支持水平较低的人死亡率更高……尤其容易患心血管疾病……然而，还有一些初步的证据表明，人际支持水平较高会降低患癌症……传染病的概率……以及降低死亡率”。[23] 2012 年，盖洛普在 139 个国家所做的调查表明，即便排除了年龄、教育、性别和婚姻状况等因素，那些自称当自己陷入麻烦时有家人和朋友支持的人，也对他们的个人健康状况更满意。[24]

研究和元分析一再表明，人际支持对健康有着直接影响，并且有助于缓冲压力，如职场压力[25]对健康[26]带来的负面影响。[27] 此外，更近期的研究已经揭示出人际支持影响健康的某些特定生理路径。犹他州健康心理学家伯特·内野（Bert Uchino）呈现了相关证据，表明人际支持可以对“心血管、神经内分泌和免疫功能”产生影响，因为人际支持水平的高低与这些“与疾病有关的系统”的“生物学特征”的好坏呈正相关性。[28]

人们不应该对这些研究成果感到惊讶。研究反复表明，人们需要社交，需要连接，需要与他人在一起。对相关研究成果的一项回顾提到，“人们会形成固定的社交圈”，并且“会抗拒现有关系网的破裂。归属感似乎对人们的情感模式和认知过程有强烈影响”。[29] 将犯人隔离开来，以便各个突破，让他们吐露机密，是一种传统做法，通常行之有效。但将一个人独自关在监狱的单间里是极其严重的惩罚，有人认为这种惩罚越过了法律底线。人际支持和社交关系能促进福祉。这就提出了一个问题：企业要怎样做，才能真正建立起能使人际关系和人际支持更加强有力的企业文化。

在建立关系和提供支持方面，职场上的一些行为通常会让事情变得更糟。不过，让职场环境变得更好并没有那么难，首要的做法，就是停止做那些营造了有害职场环境的事情。

也许，我能给到企业最重要的一条建议是：取消强制排名，取消根据“活力曲线”① 做绩效评估的过程。通用电气前首席执行官杰克·韦尔奇让“活力曲线”变得流行起来，通用电气至今还在奉行这套做法。正如《金融时报》记者安德鲁·希尔（Andrew Hill）所说，所谓的分等级评定制度被认为是造成微软“失去的十年”的罪魁祸首，微软员工通常将强制排名视为企业内部最具破坏性的制度。这种做法所付出的代价是：内部斗争，合作减少。[30] 强制排名减少了团队合作，削弱了团队精神，这就是为什么德勤咨询公司会认为它已经无效的一个原因，它既不受排名的评估者的欢迎，也不受被评估者的欢迎，正在被越来越多的企业抛弃。[31]

然而，抛开它对团队精神和内部合作的影响不论，让员工之间形成激烈竞争，显然会削弱员工之间的社交关系，减少员工之间的人际支持，而这不利于打造更健康的职场环境。尽管还没有系统性的证据表明强制排名对健康有何影响，也没有数据表明员工之间的竞争在多大程度上减少了人际支持，但这么做肯定加剧了内部斗争。比如，在共享出行公司优步，强制排名创造了一种被员工形容为不公平的竞争性文化，它就像一个黑箱，具有不确定性。同时，具有随意性和多变性的绩效评估过程又增加了员工的压力。[32]

---

① 这是一种分等级评定制度，无论每个员工是否完成了绩效，优秀员工都只能占 20%，合格员工只能占 70%，剩下 10% 是不合格的员工，有可能被企业淘汰。——译者注

再来看看通用电气的做法。通用电气的一位前高管曾告诉我：

> 每个人都在争夺地盘，每个员工都在拼命争夺权力和资源。很快，我也加入了工作保卫战，而这份工作本来是公司聘请我来做的……你可能认为，肯定有很多人会得到提拔，然而，我们面临的是一场场的单挑淘汰赛，比如，我要跟我的同事吉姆单挑。无论我和他的工作做得多么出色，要么他得到提拔，要么是我。这种笼中相斗的观念根植于企业文化中。你往上爬，你往上爬，你往上爬，然后你就摔下来了，你被解雇了。在一群羽翼未丰的年轻人中，有人接替了你的工作。

事实上，内部竞争会让员工成为工作狂，并且长期出差，来自内部竞争的压力还会对员工以及他所认识的其他员工造成负面影响。

现代职场出现的另一种普遍现象也造成了人际支持的匮乏：管理混乱，缺乏反馈，尤其是缺乏正向反馈。在管理层级扁平化方面，企业过度精简了管理者数量，导致管理者很难提供积极反馈和人际支持，因为他们自己都太忙，无暇顾及他人。比如，一名广告专业毕业的学生第一份工作就职于著名的奥美公司。由于她所在部门业务发展迅速，管理者没有时间为一个应届毕业生提供指导或者帮助，她觉得自己“被公司忽视了”。她评论说：“如果有人对我说‘这件事你做得很不错’，那么这意味着我下次要做得更好，而我真正需要的自我提升却一直没能实现。”

在管理上投入一些时间，就能让员工得到更好的支持和指导。如果企业能取消强制排名之类的做法，不再让员工在一个内部竞争激烈的环境中你争我夺，那么企业就是在消除不利于提供人际支持的因素。

正如我们已经看到的，财务不安全感是压力的一个重要来源，而压力又与糟糕的健康状况有关。很多企业只把员工看成交易品，看成生产产品的工具，它们看重的是用薪酬来换取员工的工作，不会与员工建立太多情感关系。

然而，重视营造提供人际支持环境的企业通常会做两件事情：首先，表明企业承诺为员工提供支持。其次，让员工参与能够展现相互关怀的活动。除了提供看得见的支持，这些活动还向员工发出了信号，表明当他们身陷困境时其他员工也会伸出援助之手。得到情感支持以及与上司和同事建立良好关系，其重要性不亚于任何其他福利。

经常在最佳雇主榜单上排名靠前的赛仕软件公司，其商业战略建立在与客户和员工的长期关系的基础上，这意味着公司关心员工的福祉。比如，一名项目经理加入公司不久，得知自己的母亲患了晚期癌症。公司为他母亲派了护工，同事在他母亲家修了一条无障碍专用斜坡。赛仕软件公司的一名员工在一个周末因遭遇船难去世，他的孩子们该怎么办？那时他们刚被送进由公司给予补贴的托儿所。公司允许孩子们在托儿所待多久？答案是：只要年龄允许，他们想待多久都可以，企业完全不在意他们的父亲已经不再为公司效力。[33] 也许最能说明赛仕软件公司关心员工福祉的事情莫过于它对首席健康官的重视，这一职位不仅要负责提供现场医疗服务，还要确保公司员工在生病的时候能获得让他们恢复健康的医疗服务和照料。

西南航空公司一直也有像关心乘客一样关心员工的企业文化。[34] 大型医疗透析公司达维塔拥有“达维塔村落互助网络”，它“让员工有机会在身处困境（比如遇到自然灾害、意外事件、患病）时彼此帮助，员工可以自愿缴纳互助金，相应地，公司每年为员工互助金最高拨付 25 万美元”。[35] 2004 年，当西南部的佛罗里达州被龙卷风袭击时，该公司一位透析管理员说道：“当我们的房子被摧毁时，‘达维塔村落互助网络’为我们提供了住房和购买食物的资金，直到我们的生活重回正常。”[36]

在拉斯洛·博克当人力资源总监时，谷歌的员工不仅享有企业的福利，其福利甚至还超出了他们的预期，因为谷歌认为应该这么做。博克写道：“我们做的事情并非每件都完全有助于提升工作效率，建立社群关系，营造创新氛围，有些项目之所以存在，纯粹是因为它们会让我们员工的生活更美好。”[37] 比如，谷歌在 2011 年决定，将美国员工的产假延长到 5 个月。不过，谷歌为去世员工家属提供的福利计划可能才是最值得称道的：

> 2011 年，我们决定，如果意外事件发生，幸存的配偶将立刻获得该谷歌员工名下有限股份所对应的价值。我们还决定为幸存的配偶支付该员工未来 10 年总薪酬的一半。如果该员工还有孩子，家人每月将额外获得 1 000 美元，直到孩子满 19 岁；如果孩子考上了全日制大学，公司将会支付到孩子满 23 岁。[38]

按照博克的说法，相关成本微不足道，“大约只有员工总薪酬的千分之一”，但员工获得的心理效益是巨大的。博克写道：“2012 年，我们的人力资源团队从一位谷歌员工那里收到一封匿名信。”这封匿名信这样写道：

我是一名幸存的癌症患者，每隔6个月，我都要做一次扫描，看癌症是否复发。你绝不会知道坏消息何时到来……所以，我是躺在病床上给拉里·佩奇写这封电子邮件的，希望公司把我的股票授予我的家人，哪怕我现在还没去世。

当我收到你回复的邮件，告诉我公司又给我买了新的人寿保险，我的眼泪掉下来了。我没有一天不在感激这家公司，它为我的生活做了如此多体贴的、有远见的事情。这是……很多这类事情中的一件，我为在谷歌工作感到自豪，这也是原因之一。[39]

事实上，博克和谷歌做这些事情只是为了形成社群意识。博克相信，“社群意识能够帮助员工在工作上发挥最佳状态”。[40] **营造人际支持氛围的这些做法促进了员工的身心健康，同时也向员工表明，公司是重视他们的，因此有助于公司吸引和留住人才。**

人们更倾向于喜欢和帮助那些与自己有良好关系、有相似之处以及有关联的人，这种关联包括拥有共同的体验或经历。演化的逻辑在于，那些能够很快分清敌友、分清你我的人会积累出生存优势，而那些有着相似性的人群也会汇聚出生存优势。因此，相似性是人际交往的根本基础，这是有道理的。[41] 人们几乎会自发地帮助他人，满足那些因为偶然和随机因素而与自己有共同特征的人所提出的要求，比如，生日都在同一天，或者有着相同的指纹模式。[42] 如果企业愿意这么做，它们也能创建一种具有社群意识的企业文化，从而促进员工之间的相互联结。

首先，要处理好企业内部的语言使用问题，让员工更少因为职位高低的差异而觉得彼此有所隔阂，并且语言的使用还要符合社群的价值观。达维塔公司有时把自己称为“村落”，公司首席执行官经常把自己称为“村长”，员工总是被称为“队友”，从来不被称为“员工”，后者通常指涉的是低职位的人，而且显得与“管理者”或“领导者”有区别。

其次，公司鼓励通过社交和其他活动让员工建立连接。在达维塔学院，培训和社交活动一次性能将几百个员工聚集在一起，然后这些人被分成几个团队，设计和表演短剧，通常还要穿着制服，有时候甚至是奇装异服。一名员工在公司宣传片中说道，当大家一起唱同一首歌，一起表演短剧，或者一起疯玩时，大家的关系就变得更亲密了。事实上，参与社交活动能减少人际关系的障碍。

如果你不想把事情搞得这么复杂，也可以让员工一起聚餐，或者在其他方面增加交流机会。很多企业都有茶歇室，这不仅可以减少员工外出喝咖啡的机会，从而节约时间，还能增加员工之间的接触机会，通过聚在一起享用餐点形成社群意识。在巴塔哥尼亚公司，员工可以一起参与户外娱乐活动。这些集体活动加上很多员工已经为公司效力多年这一事实，共同形成了社群意识。公司位于里诺的分支机构的负责人解释说：

> 在巴塔哥尼亚公司，人们有一种社群意识。我认为……公司鼓励员工参加户外社交活动，做员工感兴趣的事情，加之很多员工已经为公司服务了很多年这一事实……说明公司把人际关系和使命看得比每天的日常工作更重要。这是我身为公司一员的一种独特感受。

企业有时会为员工提供机会，让他们担任志愿者去服务于当地的非营利组织。这种做法长期来讲会让企业受益，因为有些员工的工作不太需要团队协作，让他们参与志愿者活动，就能让他们为了一个共同的目标而努力。2013 年，联合健康集团的调查发现，在过去一年参与过志愿者服务的受试者中，有 76% 的人认为，这类活动让他们觉得自己更健康了；有 78% 的人认为，志愿者服务缓解了他们的压力。在通过企业提供的机会参与志愿者服务的员工中，有 81% 的人“认同一起参与志愿者服务能增进同事间的关系”。[43]

举办节假日和生日派对；举办庆典，一起庆贺业务上的里程碑或者庆贺某个产品的成功面市……所有能在一个令人愉悦和有意义的环境里将员工聚集在一起交流的活动，都有助于建立共同的身份感，增进人际关系。西南航空公司的企业文化是“像关心乘客一样关心员工”，它们的万圣节派对非常有名，员工在派对上乔装打扮，相互嬉闹。公司前首席执行官赫布·凯莱赫以擅长乔装打扮而出名，有时候他甚至会把自己打扮成“猫王”。一起玩闹能够增进人际关系，形成社区意识。

本章传递的信息非常简单，让员工对自己的工作有更多掌控感和自主权，为他们提供人际支持，能够改善员工的身心健康，提高员工的留存率和工作投入度。这既有利于企业，也有利于员工，遗憾的是，很少有企业能够做到这一点。

DYING FOR A PAYCHECK

第7章

检视自我，勇于离开有害的环境

留在有害环境中的 7 个原因

在有害的甚至是恶劣的职场环境中工作的人都知道他们正在经历什么。他们会感受到压力，知道自己在这种环境下会怎么做，并且在很大程度上，他们也十分清楚这种环境给他们的身心造成的负面影响。

不仅如此，尽管通常他们明知自己将加入的公司的职场环境并不完美，但他们最终还是会加入。金是一名年轻的韩裔美国女性，人机互动专业毕业，在加入位于西雅图的亚马逊公司电商部门时，她知道自己将面临怎样的工作环境和文化。她告诉我，“我知道这家公司有一些负面的名声，但这在公司内部是禁忌话题，你不能谈论它们，因为这么做违反职业道德”。尽管知道公司的氛围可能并不融洽，但金还是接受了这份工作，因为亚马逊太有名了。“每个人都说，‘如果你能在亚马逊工作，你就能在任何企业工作’，所以我选择亚马逊的理由是它的好声望，它是一家新兴的快速发展的企业。”

很快，金就因为每天工作时间太长，感受到了职场压力，她的压力主要来自混乱的组织架构、内部斗争和对她的工作永远不满意的上司。她开始头痛、胃痛、起皮疹。她觉得自己糟透了。为了摆脱抑郁的情绪，她开始暴饮暴食。在加入亚马逊之前，她的梦想是考一个好大学，然后找一份好工作，为社会做出贡献。“自从我加入亚马逊，我好像什么都也不在意了，我会服用我能得到的任何可以缓解焦虑的药物，我不知道该怎么更好地表达我的想法，我会抓住一切机会做一些让自己觉得好受的事情，只要比当时好受就行。”金告诉我，亚洲人的长相通常看上去比实际年龄小，但到亚马逊工作没多久，她看上去就跟她母亲一样老了。

金的经历并非特例。亚马逊的一名员工说，她度假时每天都会去星巴克上网，处理工作上的事情。“我的胃溃疡就是从那时患上的。”[1] 这样的职场环境不止亚马逊一家。有好些人告诉我，他们的工作让人崩溃，身体出现了与压力有关的诸多症状，比如头痛、胃痛、起皮疹等。以自己的身心健康为代价，选择在恶劣的职场环境中工作的人知道，他们的工作环境不会让他们感到幸福。然而，和金一样，哪怕他们对此心知肚明，他们还是接受了对自己的福祉不利的工作，选择进入这样的职场环境，并一直待在那里。

通用电气的一位前高管讲述了他是如何意识到他身处的职场环境对他的体重、健康和家庭产生负面影响的，为此他已多次动过离开公司的念头。他每年因为出差要在空中飞行 24 万～ 32 万千米，有时甚至不得不与妻子和两个孩子分离三周时间。“什么样的公司会让你一次离开家人这么长时间？”他说道。我之前提到的一家健康福利公司的首席财务官意识到了长时间工作的危害，她讲述了自己是如何进行自我“治疗”的：饮酒，滥用药物。然而，这些做法都不能解决压力问题，也无法改善她的健康状况。事实上，在我的研究过程中，我几乎不曾遇到那种不清楚有害的职场环境会对自己产生负面影响的人。

所有这些都提出了一个根本的问题：为什么大多数已经意识到自己身处有害职场环境的人还是会选择留下来？

经济原因

这个问题的一个明显答案就是出于收入考量。除非人们继承了一大笔财产，否则他们就需要依靠工作来谋生。有一名在类似企业工作的女性这样说道："每件事情都要尽快完成，员工几乎每天都要工作到很晚，我们每星期都会召开气氛压抑的周例会，首席执行官会对我们一顿臭骂，但又不提供任何建设性的建议。"然而，她还是留在了这家企业，因为她的丈夫正在读研究生，她是家里的经济顶梁柱，为了满足家庭开支需求，她不得不继续待在这家企业。

此外，有些企业在扩张时会选择将工作地点设置到远郊，因为在那里企业能招到薪酬更低的员工，并且这些员工对于职场环境并不挑剔。如果这些工厂和业务停止运营，这些员工将没有别的选择，所以他们只好忍受这些条件差的工作。亚马逊就倾向于将其仓库设置在偏远地区，公司很容易在那里招到廉价劳动力，而这些员工还会对亚马逊感恩戴德。比如，有篇文章描述了亚马逊是如何决定在田纳西州查塔努加市和南卡罗来纳州建立分发中心的：

> 亚马逊将会是今年为田纳西州带来最多新增就业岗位的一家企业……公司负责招聘的人员和行政人员注意到，当地……的劳动力市场能够提供亚马逊所需的数千名季节性工人……在亚马逊仓库周围，“工人露营者”住在大型房车里，为这家互联网巨头提供季节性的服务。[2]

亚马逊当然不是唯一采用这种标准来为办公场地选址的企业。失业率高的地区会产生过剩的劳动力，相应地，工人的工资水平也较低，工人愿意忍受艰苦的工作环境，这些特点对于很多企业而言是极具吸引力的。如果在互联网上搜索“选址标准”，就会出现一些审核清单和文章，其中有很多会提到电话呼叫中心或数据中心的例子，将“劳动力成本和潜在可用的劳工数量”作为首要或者优先的选择标准。[3]

将电话呼叫中心放在工资更低、失业率更高、有现成工厂的地方，这一做法还能让企业充分利用当地政府对招商引资的渴求。在这种渴求下，政府通常会在房产税和其他税种上给予企业优惠政策，还会给予企业低息贷款，有时甚至会为企业提供免费的土地，或者由当地社区为企业提供办公楼，因为当地居民很希望获得就业机会。在查塔努加市，当地政府允许亚马逊免费使用土地，并只需缴纳正常房产税的27%。一旦工厂正式运营，公司就能招到足够多的能忍受恶劣工作环境的工人，并且这些工人还能一直从事这份工作，因为他们没有什么选择。

此外，人们在新闻报道中经常看到的工人薪资停滞不涨以及普遍的财务不安全感等现象，也使得人们但凡有一份工作就会心存感激。如果这份工作还能带来不错的收入，企业的知名度能为自己的职业生涯“贴金”，让你的简历看起来更有竞争力，那就更好了。相比于赚钱谋生，选择工作时的其他考量因素都是次要的，比如，职场环境对身心健康的影响。

企业的声誉与有趣的工作

人们愿意忍受恶劣工作环境的另一个原因在于，他们想通过自己所效力的著名公司来为职业生涯“贴金”。正如通用电气的一位高管所说：“我接受这份工作，是因为我之前从未管理过如此规模的公司，我那时只有 36 岁，这份履历对我的职业生涯很有价值……诚然，管理通用电气某个事业部的经历让我受益良多。我后来回到了硅谷，当人们发现我曾管理过通用电气的一个事业部时，他们自然而然地认为，‘这家伙肯定很有经验’。”上述案例中的金也明确提到，亚马逊的光环让她决定加入这家公司。事实上，虽然与我有过交谈的人大多会提到被一家知名的有声望的企业雇用所带来的长期好处，但他们从事的工作会给他们带来其他方面的负面影响。

此外，即便工作环境压力很大，人们依然留在那里，很大程度上是因为他们正在运用自己的专业技能从事既有趣又有挑战性的工作。一名活动策划人告诉我，尽管工作压力相当大，但是她会对自己组织的活动感到兴奋。这位带着创伤后应激障碍离开了电力行业的员工还告诉我，在她因为过度工作而出现身心健康问题之前，她一直很享受与当地官员打交道的过程，因为这能帮助她所在的电力企业与政府建立良好关系。通用电气的那位高管也很享受在管理大企业时遇到的领导力方面的挑战。还有一位女士为《纽约时报》

撰文，讲述自己的律师丈夫死于因药物滥用导致的并发症，而他生前一直在为硅谷一家极有声望的律所效力，她写道："他喜欢工作带来的智识上的挑战。"[4]

如果工作能带来尊重，并且人们能够胜任和享受自己的工作，那他们就会选择留下来。然而，他们之所以留在这家企业，部分原因还在于，他们没有重视工作对身心造成的负面影响，因为他们相信，或者试图让自己相信，其他企业也好不到哪里去。

然而，显而易见的事实是，人们其实还有其他相对当前工作更好的选择。健康的职场环境与不那么健康的职场环境是并存的。比如谷歌或赛仕软件公司，它们经常位居最佳雇主和最受员工家属喜爱的雇主榜单前列。可以说，它们既能让员工感到自豪，又能让员工的简历看起来更有竞争力。

又如，零售业的低工资和财务不安全感是出了名的，这是因为行业的工作时长具有不确定性，而工时调度软件又使得员工的工作时间不可预测，并且员工只享有有限的福利。尽管如此，这家名为容器商店（Container Store）的零售商，仍经常在最佳雇主榜单上有着很高的排名。男士定制服装零售商绅士衣橱公司（Men's Warehouse），至少在创始人乔治·齐默（George Zimmer）在任期间，会为员工提供较高的薪酬，较少使用兼职员工，并且打造出了以员工为中心的企业文化，这使得它进入了最佳雇主榜单。好市多公司在联合创始人和前首席执行官吉姆·辛内格尔（Jim Sinegal）的领导下，为员工提供了比竞争对手山姆会员店更高的薪酬和福利，打造出颇具人情味的工作环境，使得员工能在这样一个高离职率的行业工作很多年。在裁员和降薪方面，不同航空公司的做法不尽相同，比如，西南航空公司就与其美国同行的做法不同，它从来不裁员，也从不克扣员工福利。

重点在于：有些企业职场环境是有害的；而同行业的有些企业尽管也在同一个区域、知名度相当，但其职场环境则没那么不健康。因此，人们可以有其他选择。**当决定加入哪家企业时，最好考虑一下职场环境对健康的影响，无论你受教育程度如何，身处哪个区域，或者从事何种具体工作，这都是正确的做法。**

对于为什么人们会留在对健康不利的工作环境中，还有其他基于经济学的解释，只是支持这些解释的证据少得可怜。

经济学家和那些相信理性人假设的人认为，职场并非像我所描述的那样糟糕，否则，人们就不会待在那里了。显示性偏好（revealed preference）的理论最初是在消费行为领域被提出来的，后来扩展到了其他决策情形中。这一概念的含义是：个人通过其在市场中的行为，显示了自身的偏好。[5] 在这里，就是指劳动力市场。正如诺贝尔经济学奖得主阿玛蒂亚·森注意到的，显示性偏好理论使得“以如下方式定义一个人的利益成为可能：在每一个独立的决策行为中，无论他做了什么，他的做法都被视为为了自己的利益”。[6] 换句话说，显示性偏好是同义反复的。所以，人们留在不健康的职场环境中并不是因为他们偏好“受虐”。他们也不一定偏好他们的工作环境，也许他们只是没有意识到自己的工作环境有负面影响。

另一种试图解释为什么人们会待在不健康职场环境的理论是薪资差别

（compensating differentials）。这种观点认为，即便人们在对健康不利的职场环境中工作，他们得到的经济补偿也会随着额外风险和负担的增加而增加。[7] 这种解释认为，人们会有意识地、故意地选择赚更多的钱而冒更多的安全和健康风险。尽管从逻辑上是说得通的，但与补偿差异有关的实证证据却相当弱，即是说，人们所冒的职场风险大都没有得到相应的经济补偿。[8]

人们完全了解身处何种职场环境。人们知道自己是否有带薪年假，以及如果有的话，他们使用了多少假期。工资单上通常也会显示员工休年假和病假的情况。当高科技公司一位女高管的丈夫向她抱怨她的出差和工作时间太长时，这位很有才华也很聪明的女高管便意识到，她的家庭为她的工作付出了代价。

在我看来，虽然人们也许没能完全认识到工作环境会对健康造成极大的影响，但这并不意味着他们对自己的工作环境毫不在意，或者说毫不知情。我也不认为很多人是有意识地、故意地“选择”多挣钱而把自己置于危险境地，或者因为有（并不存在的）“风险”补偿金而忍受糟糕的工作环境。越来越多的研究表明，人在很多情况下都不是理性的决策者，关于工作的决策也是如此。[9] 相反，人们因为各种各样的原因陷入了有害的职场环境，并一直待在那里。

人们没有离开现有环境的精力

惰性可以解释为什么人们会一直待在糟糕的职场环境中。很多人告诉我，留在原地是一件更容易做到的事情，尽管现在的环境并不令人愉快，人们也仍旧留在那里。

找一份新工作本身就是一项耗费精力的工作。有时候人们之所以身陷有害的工作环境，是因为在没有充足睡眠和面临很大的工作压力的情况下，他们没有余力一边完成现有的工作，一边寻找新的工作。从某种程度上讲，正是他们所面临的巨大工作压力，让他们无力离开那个有害的工作环境。赛富时公司的一名营销人员这样写道：

> 你处于进退两难的境地。我没有处于最佳状态，没有把自己的工作做到最好。你也许会记得，去年秋天的某个星期五你邀请我共进晚餐，我回答说，“没问题”，一分钟后，我问你：“什么时候？”你真的以为我通过面试得到了一份工作，然后在 6 个月内就把工作做得很出色了吗？[①]

这名营销人员继续写道：

> 你会因为这些羞愧和尴尬而心力交瘁，认为一切都是自己的错。我觉得我的大脑简直没法运转了，我几乎记不住 10 秒钟之前的对话。我想我会被“炒鱿鱼”的。过去 6 个月我什么事都没做成，我想休病假，然而由于我过往的工作评价很好，我担心休假会影响

① 这段话想表达的意思是，这名新员工并没有把工作做好，当女友提出约会请求时，他一口答应了，却忘了时间是在星期五。女友并不知道他的工作状态，以为他之所以问什么时候，是因为他太专注于工作，没听到时间，但其实是因为他当时心神不宁。——译者注

我在赛富时公司的工作评价。我觉得休病假可能会让情况变得好一些。如果不休假，我会十分痛苦地来工作，因为我觉得：我不想工作，我无法工作，我不知道该如何度过这一天。

在这种情况下，在从事一份工作的同时寻找另一份工作很难，想真正找到合适的工作并成功入职就更难了。因此，人们之所以留在有害的工作环境中，一个简单且重要的原因是，他们的心理受到了严重伤害，生理上的压力也特别大，以致没有精力去找一份新工作。

你足够优秀吗？自信和自我

我与通用电气的一位高管交谈过，他说，出于企业文化的原因，他在通用电气只待了 3 年。然而，他本有可能待得更短。有几次当他想要离开时，他的上司问他："你做好成为通用电气领导者的准备了吗？""当然，我足够优秀，也做好了准备。"他对自己说。所以，他又留下来待了一段时间。他告诉我，一旦他开始工作，"又有了那种感觉：'噢，我的天，他们根本没告诉我这个事业部发生了什么，这里完全像是一个火车事故现场。'所以，我面临选择，要么忍受，要么离开。我决定忍受，因为他们请我来就是为了收拾烂摊子的。"

如果你辞职，人们就会认为你是一个"会轻易放弃的人"。谁会想给自己或者被别人打上这个标签呢？那名高管的上司告诉他："如果你是一个领导者，你就应该知道如何解决难题，并且适应环境。"言下之意是：如果你足够优秀，你就能成功应对工作挑战，取得成就。所以，谁愿承认自己不够优秀呢?

上述案例中的金对她在亚马逊感到的不适所做出的第一反应是:“我怎么了？我开始责备自己。”亚马逊说得很清楚，公司不适合每个人，只适合最优秀的人。潜在之意是：如果你能适应工作环境，你就是优秀的；如果你没能适应，你就是懦夫，是失败者。在亚马逊的招聘视频中，一名年轻女员工说道:“你要么适应，要么离开。”[10] 亚马逊招聘负责人提到:“这是一家专注于真正干出伟大、创新、突破性事业的公司，做到这些并非易事……当你志向远大时，这里的工作真的很有挑战性。但有些人无法胜任。”[11] 一篇关于亚马逊的文章重现了这种说法:“亚马逊是让极为优秀的人对自己感到失望的地方。”[12] 在一家充满竞争、由业绩说话、痴迷于定量评价的企业中，你要么做好自己的工作，不断提升，要么只能离开，因此，选择离职就意味着你不得不向自己、家人和朋友承认，你无法承受那种压力，你没有优秀到与最优秀的人同台竞争的程度。

事实上，人们有着强烈的倾向，认为自己是有能力的、有价值的。人类最强大的动机之一就是自我肯定的动机，即倾向于认为自己很优秀。[13] 自我肯定有很多表现形式。如果人们被要求匿名评价自己的积极特点，比如幽默感、智商、吸引力、写作能力等，超过一半的受试者会说他们的表现在平均水平之上，这种现象被称为“优于平均效应”。[14] 如果人们被告知，他们拥有某种特别的个人特征或品格，他们就会过分强调和过度估计这一特征对获得成功的重要性。于是，人们认为他们的积极特征优于平均水平，并且相信，他们拥有的这些特征对于成功而言更为重要。

人们倾向于自我肯定和充满自信的特点还有其他表现形式，比如，人们会认为他们经手的任何事情都会变得更好、更成功，因为他们参与了这件事情的发生和发展。正如我在第 6 章所描述的，当人们对撰写广告文案工作的进展提出了积极反馈时，他们会认为该文案更好，但其实它与别的文案并没有什么不同；他们还会认为自己是更出色的管理者，自己的下属是更出色的员工。此外，一旦人们拥有某个事物，就会特别看重它，无论是一个咖啡杯、一支钢笔，还是一块巧克力，仅仅因为它属于自己，这种现象被称为“禀赋效应”[15]。我们进行自我肯定的方式以及自我肯定对于理解人类行为可能产生的影响，是多样的、普遍存在的。

几乎没有人愿意轻易承认自己不擅长做某件事，当这件事与自尊有关时，尤其如此。对很多人而言，工作是自我认知和自我形象的一部分。尤其对那些在知名机构从事相对高端工作的人而言，没有什么代价是太高的，没有什么挑战是太难的，否则在某种程度上就是在承认自己的缺点或失败。于是，努力适应极其恶劣的环境变成了一件值得追求的事情，它能够表明一个人的能力、精力和投入度。

结果，能在恶劣工作环境中生存下来已经成为一种荣耀。我的一个朋友曾在惠普公司担任营销总监，他说他每年要飞行 40 多万千米，大多乘坐美国航空公司的航班。由于飞行次数太多，飞行时间太长，美国航空公司的一名高管甚至亲自帮他处理不可避免的航班延误问题。在亚马逊，迪娜·瓦卡莉（Dina Vaccari）吹嘘自己为了赶项目进度，连续 4 天没睡觉。[16] 硅谷工程师以自己工作时间长而自豪，他炫耀自己在任何环境下都能完成工作，甚至可以通宵达旦地工作。

企业也会为员工赶进度创造条件，它们会提供诸如清理垃圾杂物、自助餐和汽车保养等服务，有时甚至会为员工提供便携床，还会提供酒和食物，以确保员工不仅不需要离开办公室，而且还有能量继续工作。高科技企业一位机敏的观察者评论说，很多企业会调整它们的食物供应，好让员工更愿意留下来继续工作，而不是筋疲力尽地回家。她注意到，尽管午餐主要提供沙拉和高蛋白食物，但“如果你去 Facebook，看看它提供的晚餐，就会发现种类丰富得多，员工吃饱喝足后就可以开始加班了。这些食物的脂肪含量、糖分和热量更高”。虽然食物可能不太健康，但脂肪和糖分对于提供短暂的能量是有帮助的，可以让员工持续工作到深夜。当然，企业也会将工作时长与晋升、职位、认同、临时奖励等挂钩，以鼓励员工持续工作。此外，公司管理者总是会直接或间接地问你：“你是否优秀到足够胜任这份工作？”

合理化和承诺效应

一旦人们做出决定，尤其是如果该决定是自愿的，并且会让他人知道，比如，你选择了一份工作，你的朋友和家人都会知道你的选择，那么你就不是被迫做出的决定，因此在心理上就与该决定捆绑在了一起。这意味着你在心理上认同该决定及其后果，并有动力采取与该决定相一致的行动。[17] 承诺是一种强大的心理过程，能让人们在注定会失败的事情上不断投入更多资源，保持与自己的决定相一致的态度，比如重新肯定所在群体和所从事工作的价值，并且其行为方式也会与其最初选择相一致。比如，当人们捐赠，或者做了一件小事，如举起自己支持的一位政治候选人的海报，人们就会在同样的方向上采取进一步的、更重大的行动。这是因为一旦人们为某项事业或某个候选人做了一些事情，他们就会赋予这些事情更大的价值，并最终采取行动以实现目标。

承诺与一些心理过程有关。一种是，当一个人所做的决定是“自己的”决定时，比如就像我们之所以喜欢我们的咖啡杯或者巧克力，是因为它们现在属于“我们”，我们当然就会喜欢自己的决定。同样，由于是自己的选择，所以人们会坚持待在自己选择加入的企业。另一种心理过程，即自我肯定的过程。如果我们想保持良好的自我，我们肯定不会承认自己犯了错误或者做了蠢事。于是就产生了另一个理由，使得人们情愿待在糟糕的职场环境，并在这种环境中坚守当初的决定：他们不愿意承认自己做出了一个错误的决定。与承认错误或者推翻自己的决定不同，人们更容易将自己的最初决定和留下来的后续决定合理化。人类是一种极擅长将行为合理化的动物。

人们会将继续待在糟糕环境而不改承诺的做法加以合理化，其中一种方式是，告诉自己虽然当前的环境很糟糕，但它不会永远糟糕下去，有其他理由让自己待下去。一位金融从业者提到，“公司付给我高得不可思议的薪水，而且工作地点离家很近”。一名咨询管理从业者说道：“我们的生存环境比老祖宗好多了，不喜欢自己的工作是‘天下第一大问题’。”关于将在有害职场环境工作合理化的解释，我听过很多很多。

一名高管教练提到，为什么她的客户会在工作上投入如此多的时间，做出如此多的牺牲：

> 人们合理化这种做法的最常见方式是，“我想再忍一段时间”，

“我想再忍一刻钟”，“等这个产品发布了我就不忍了”。事实上，类似的话可以说很多年。人们可以废寝忘食，可以一个会议接着一个会议开。他们通常很年轻，还没有尝过严重的后果。

承诺还会让人们的欲望保持稳定和一致。人们重视一致性，几乎没人将“墙头草”视为褒义词。所以，一旦做出决定，人们就会觉得一定要实现它，包括关于在哪家企业工作的决定。频繁换工作的人有可能会让潜在雇主觉得，这个人为什么总是在一家公司待不长久？对一致性的追求还使人们更不愿意承认错误。所以，当身处糟糕的职场环境时，我们倾向于相信事态会变好，认为或许是我们的反应过激了，或许情况并没有看上去的那么糟糕。所有这些想法都让人们继续留在现在的环境中，哪怕他们知道这么做对自己的健康和福祉不利。

社会认同：有害的职场环境成为常态

我们知道自己期待什么、追求什么，通过观察他人的行为也知道了规范是什么。心理学家在 60 多年前就提出了“信息性社会影响”概念，至今它仍是一个非常重要的社会心理学基本概念。[18] 这一概念的假设是：我们会受到他人影响，因为他人的行为为我们提供了关于何为正确态度和行为的有用信息，这一点对于那些在社会特征上与我们相似的人群尤其适用。社会心理学家罗伯特·西奥迪尼写道，人们会依赖社会认同（他人的行为）让自己在认知上少费些力。[19] 我们不得不观察他人的行为，如果我们相信他人是明智的且考虑事情很全面，依靠他人来指导我们的态度和行为似乎就是行得通的。想想看，“规范”（norm）与“规范性”（normative）的英文有相同的词根。什么是规范，什么是规范性？从根本上讲，大多数人的所思所想就是规范，就具有规范性。从这个意义上讲，人们共同定义了社会现实，也定义了人应该期待什么，哪些态度和行为可以被接受。

在工作方面，他人对一个人行为的影响是显而易见的。一名曾经在金融企业担任高级会计的人说：“我父母希望我成为一名会计，从而获得不错的薪水和社会保障。”我所采访的很多人都会告诉我，当他们在一家知名公司从事一份令人羡慕的工作时，他们的朋友会做何评论。所以，离开一份好工作是很难的，因为它意味着要辜负父母和朋友的期望，还意味着他们要告诉自己以及深爱的人，现在这份“很棒”的工作实际上让他们觉得厌恶。

社会影响力是很大的。对快餐厅员工流失率的一项研究发现，流失率具有社会传染性。这一点并不令人意外。[20] 当一家企业的某个员工离职时，同企业的其他人便有可能效仿。相反，如果企业几乎没有员工离职，其他员工留下来的概率会更高。即便快餐业的收入较低，没有太大吸引力，在留下还是离开的问题上，员工还是会受到工作环境和同事行为的影响。与此类似，人们对待自己的具体工作和他们所在组织的态度，会受到同事行为的影响。[21] 如果其他人都认为这份工作既有趣又刺激，那么它必定如此；相反，如果其他人都认为这份工作和上司糟糕透了，那事实必定如此。

在社交网络中，社会影响力以及他人的行为和观念是至关重要的。从某种意义上讲，这一观点本身并不是一个重大发现，但它的重要之处在于它能解释很多现象。我们知道，想戒酒的人应该停止与喝酒的人聚会。这种做法也适用于想戒烟的人。你可能读到过，肥胖甚至能通过社交网络“传染”，因为物以类聚，经常跟肥胖者在一起，就会受到他们对饮食行为和体重看法的影响。这些现象同样可以解释，为什么我们会纵容有害的职场环境。如果你周围都是工作狂，他们缺少工作掌控力，经常发生家庭冲突，那么你就会把这些情形视为正常，默认现状并保持不变，即便你内心深处知道，这会让自己的福祉付出代价，也知道有害的工作环境是“不正常的”。

遗憾的是，在职场世界，长时间工作和有害职场环境的其他方面已经在很多地方成为正常现象。所以，很多人在碰到这类环境时，不会觉得有什么异常之处。因此，当人们抱怨自己的工作环境，或者离开别人会选择留下的工作环境时，他们的朋友和同事可能会觉得奇怪，因为这些人也身处一样的环境。此外，如果像长时间工作之类的职场现象成为常态，那就很难在别处找到更健康的职场环境了。

再以金为例。亚马逊的一位经理告诉金，他在好几家工作环境更糟糕的企业工作过，相比之下，亚马逊算是相当不错的公司了。高管教练告诉她的客户，每个高管的工作时长都应该跟其他员工一样。人们随处可见长时间工作现象和恶劣的工作环境，每个员工在工作上都投入了更多时间，并且都在忍受这种职场环境，所以，你们也应该跟他们一样。

事实上，为不现实的截止日期投入更多的工作时间已经成为企业文化的一部分，人们已经视之为理所当然。一名高管教练评论道：“当工作任务完成，人们不再工作到凌晨 2 点时，他们会对自己说，‘我们该怎么办？我们什么时候变得懒惰了？我们什么时候停止工作的？’这就是我所谓的‘正常化’——用不了多久，这样的灌输，这样的期待，就会变成你应该如何工作和生活的方式。”反常和有害成为正常的、可接受的、值得期待的事情，甚至被人们当作成功和成就的标志。

不同的叙述和自我认知

人们通常会对各种情境及各色人等构建叙述，而不同叙述方式所产生的影响常常被人们所忽视，尽管它值得引起注意。叙述可以帮助我们理解我们身处的环境，叙述一旦被建构，我们就会倾向于以符合叙述的方式消化我们获取的新信息，忽略和忘掉与我们构建出来的这一叙述不一致的信息。

关于有害的职场环境，存在着两种相反的叙述。一种叙述认为，职场环境存在于企业中，而企业是一个充满竞争、要求严苛的地方。只有紧张的，甚至是有压力的职场环境，才有助于企业在竞争激烈的行业中立足，从而产生企业追求的经济效益。这就是亚马逊员工讲述的亚马逊故事，也是共享出行公司优步及其充满争议的前首席执行官特拉维斯·卡兰尼克（Travis Kalanick）讲述的优步故事。硅谷投资人和评论家贾森·卡拉卡尼斯（Jason Calacanis）认为，“如果你去看看科技公司，你可以依靠 5 ～ 10 名高管将公司从 5 人发展到 5 000 人甚至 50 000 人……优步不得不为生存而战……如果你一直处于战斗状态，有时候你就会形成斗士思维。”[22]

这段话隐含的意思是：人们应该为在这样的公司工作感到高兴和自豪，并且心甘情愿牺牲自己狭隘的、自私的利益和福祉，以成全公司的成长和成功。一名曾在谷歌投资的一家基础医疗公司 One Medical 工作过的会计告诉我：

> 我去了这家公司，它对我来说无异于天堂，因为它有使命。我真的完全相信它的使命，即让每个病人都能获得医疗服务，让每个病人都能承担得起医疗费用。我相信我们正在做善事。当我来到这家公司时，这就是我们所做的事情。公司员工为此付出了一切来实现公司使命。我们不惜以命相拼，以换来公司的成功。我们创造了这种拼命文化……但我们却没能把自己照顾好。
>
> 关于职场和职场的危害性，我能说的是，我们为了赚钱，为了获得成功，为了更高的职位，牺牲了工作乃至生活的意义……身为由使命驱动的公司的一员是一回事，实现自己的目标则是另一回事，比如，你有你自己的生活意义。为了实现他人的目标，我失去了所有的人生意义。

让人们为了某项事业付出自己的一切，这一想法利用了人们想要实现“不朽”的愿望，或者利用了人们想要把自己与比自身利益更伟大的组织目标联系在一起的愿望。

与此相反的叙述则是：有些企业的工作环境的确是有害的，人们的福祉、健康和生命都要屈从于某个领导者的野心，通常也要服从于领导者追逐权力、声望和财富的个人目标。此外，这种职场环境对于经营绩效的评价没有完全将员工付出的健康代价考虑在内。在 One Medical 公司，“创始人对自己的健康毫不在意，他真的相信牺牲自己的健康来换取公司的成功是值得的，并且这种信念还将影响其他员工。”但即便领导者不想寻求工作与生活的平衡，这也不意味着每个员工都应该失去它。在这种叙述下，以自我肯定和维护自我认知的名义离开有害职场环境的做法无可非议。如果越来越多的员工离开有害的职场环境，公司管理者最终也许会采取变革措施来应对员工的高离职率，顺带也减少了与吸引替代员工有关的成本。

这种叙述似乎常常形成了一个对比，一方面，员工为了组织及其崇高的目标做出无私的自我牺牲；另一方面，他们又从自我的角度追求个人健康和福祉。在此，我将提供第三种叙述，它整合了前两种叙述，使得关注自己的健康成为正当的做法：一旦有害的职场环境让你生病了，或者让你失去了自理能力，甚至更糟，要了你的命，你对你的企业或者对你自己就没有什么用了。所以，如果你的雇主真的在意你做出的独特贡献，他就应该照顾好你，难道不是吗？如果企业真的关心工作效率和经营绩效，它就应该采取能够同时提升员工福祉和经营绩效的管理措施，避开那些不利于员工和企业福祉的职场环境因素。对于那些以其工作环境或社会福利而著称的企业而言，尤其应该花更多的时间和精力来确保自己的福利体系和职场环境是可持续的。

离开有害环境的 3 个理由

尽管有很多心理因素使人们留在了有害的工作环境，但还是有很多人离开了。事实上，我为撰写本书所采访的对象几乎都离开了有害的职场环境。人们选择离开的理由主要有三个。

第一个理由，可能出现了一起突发事件，成为压垮骆驼的最后一根稻草。这一事件令人愤慨，就像一巴掌打在了员工脸上，使其看透了公司的真面目。有人告诉我，她认识一个人，那人在参加朋友葬礼的时候被公司叫回去工作，当那人乘坐航班第二天回到办公室时，他们告诉那人，“哦，我们已经把事情处理完了。”那人当即决定再也不会把自己的生命浪费在如此对待员工的企业身上。

第二个理由，家人或朋友会帮助人们克服离开公司的心理障碍，并且不再认可他们对留下来这一做法的合理化解释。大多数情况下，家人担任这一角色的可能性更大。有一个员工在一家充满压力的企业工作，员工们能在这家企业获得很多经验和知识，这让他们留了下来，这个员工提到：“最后一根稻草是，在我真的生病的情况下，公司还是要求我继续工作。我的丈夫坐在我旁边，告诉我，我不应该再这么下去了。于是我很快离开了公司，找到了另一份工作。”

那名通用电气某事业部的高管有一天去上班的时候本来想提辞职，但下班回家的时候仍留在了公司，因为他得到了上级的评价，“足够优秀，能够成为通用电气的领导者”。他的妻子告诉他，他也许足够优秀，能够胜任领导者，但要是他不离职的话，他就不再是她的丈夫。这句话让他彻底放弃并离开了公司。

第三个理由，当人们身心俱疲，无法继续工作时，会选择离开。一名员工说道：“我之所以在华尔街工作，是由于我认为我别无选择，我的技能面太窄，无法从事其他工作，因为华尔街太吸引人，在它之外的世界都被视为

'无趣'。我最终之所以离开，是因为我再也无法忍受摧毁灵魂的环境，这简直让我内心崩溃，我得离开，从而保护我的心智健康。"

一名员工因为糟糕的职场环境患上了创伤后应激障碍，他申请了病休，并最终离开了这家电力公司。金离开亚马逊的原因是，她太累，太压抑，无法再忍受。就此而论，人们的确会离开有害的职场环境，但通常是在付出了巨大的身心健康代价之后。

不要接受不可接受的诱惑

人们将事情合理化和为自己寻找借口的能力是惊人的。一旦人们选择了为某个企业工作，一旦他们周围的人都在忍受和纵容糟糕的工作环境，一旦他们接受了将忠诚、努力、成功与优秀挂钩的叙事，离开就会变得更难。即便人们知道他们在以错误的方式自我疗愈，在将与家人和朋友的关系置于危险境地，在损害自己的身心健康，他们还是会坚持留在有害的工作环境。

当然，将事情合理化不完全是坏事，非理性的合理化也不会持续太长时间。而人们之所以为自己寻找借口，也是基于各种各样的原因。比如我就会为我想要改变世界的做法做出辩解：我想让人们更容易建立良好关系，我希望打消人们的错误观念，我希望人们能更快学会新的知识……

所以，我要在此提供几个可行的建议。第一，既然我们都会受到他人影响，那就去结识一些从未工作过的人，认识一些与家人和朋友建立起真正的关系而非泛泛之交的人，结交一些真正享有工作自主权和掌控感的人。然后，与这些人建立良好关系，在他们身上投入一些时间。他们会为你提供一些社会信息，对你施加影响，帮助你做出更好的决定。

第二，要有自我反省的意识，不要屈从于自我，不要被“你难道不够优秀吗”之类的问题困扰。我们要愿意承认，选择雇主就跟我们做出的任何决定一样，都有可能犯错，一旦发现自己犯了决策错误，就采取行动纠正它。

第三，正如很多人告诉我的，要知道，即便离开了糟糕的、不健康的职场环境，过去的负面影响也不会立即消失。一个有着计算机编程和咨询专业背景的人描述了美国视频网站葫芦网的办公室政治，它给员工带来了压力。在离开葫芦网并进入新公司之后，她仍未摆脱之前的工作环境残留下来的压力和影响。她评论道：“我发现工作中存在着所谓的‘负担’，有意思的是，你会把它从一份工作带到另一份工作，也就是说，即便你去了环境较健康的企业，你也不会完全摆脱过往的糟糕体验。”

当我们判断要不要加入一家企业时，最重要的是要意识到，在职场中，健康和福祉是非常重要的考量因素。工作不仅仅是为了赚钱，金钱也不能完全修补破损的人际关系，或者改善我们的身心健康。除非我们在找工作时认真对待这些因素，否则别指望雇主会重视它们。

DYING FOR A PAYCHECK

第 8 章

寻求改变，营造健康的职场环境

西南航空公司一直也有像关心乘客一样关心员工的企业文化。“enjoy型医疗资源公司达维塔拥有“达维塔村落互助网络”，它“让员工有机会在身处困境（比如遇到自然灾害、意外事件、患病）时彼此帮助，员工可以自愿缴纳互助金，相应地，公司每年为员工互助金最高拨付25万美元”。[35] 2004年，当西南部的佛罗里达州被飓风袭击时，该公司一位透析管理员说道：“当我们的房子被摧毁时，‘达维塔村落互助网络’为我们提供了住房和购买食物的资金，直到我们的生活重回正常。”[36]

在拉斯洛·博克当人力资源总监时，谷歌的员工不仅享有企业的福利，其福利甚至还超出了他们的预期，因为谷歌认为应该这么做。博克写道：“我们做的事情并非每件都完全有助于提升工作效率、建立社群关系、营造创新氛围。有些项目之所以存在，纯粹是因为它们会让我们员工的生活更美好。”比如，谷歌在2011年决定，将美国员工的产假延长到5个月。不过，谷歌为去世员工家属提供的福利计划可能才是最值得称道的：

> 2011年，我们决定，如果意外事件发生，幸存的配偶将立刻获得该谷歌员工名下有限股份所对应的价值。我们还决定为幸存的配偶支付该员工未来10年总薪酬的一半。如果该员工还有孩子，家人每月将额外获得1 000美元，直到孩子满19岁；如果孩子考上了全日制大学，公司将会支付到孩子满23岁。[38]

按照博克的说法，相关成本微不足道，“大约只有员工总薪酬的千分之一”，但员工获得的心理效益是巨大的。博克写道：“2012年，我们的人力资源团队从一位谷歌员工那里收到一封匿名信。”这封匿名信这样写道：

有一天，在得克萨斯州的圣安东尼奥，跨国制造商贝瑞-威米勒的首席执行官、被 *INC* 杂志的一篇文章评为全球最优秀的三位首席执行官之一的鲍勃·查普曼，当着上千名首席执行官说："你们是员工健康问题的罪魁祸首，因为有 74% 的疾病属于慢性病，患慢性病的最大原因是压力，而最大的压力来自工作。"

查普曼说得对。借用喜剧漫画《波哥》(*Pogo*) 中的话说，就是"我们遇到了敌人，那就是我们自己"。企业使得员工容易生病，政府对此没有太多作为，每个人都在为此付出代价。

然而，这完全是可以避免的。我们完全有可能每年拯救成千上万条生命，节省几十亿美元的医疗费用和其他成本，同时还能让各种组织更有效率、表现更佳。企业、公共政策和员工要做的，就是理解我在本书中所探讨的内容，即哪些职场因素对人们的健康造成了伤害，然后效仿其他企业的好做法，努力消除这些因素。实际上，我在书中已经提到了不少正面案例。

就像贝瑞-威米勒、巴塔哥尼亚、Zillow、共同健康、谷歌、达维塔以及很多其他企业所表明的，营造健康的职场环境是可行的、必要的，能增加员工的福祉。此外，营造能够促进而非削弱员工可持续发展的工作环境也是可行的、必要的。事实上，这么做对企业是有好处的。很多卓越的组织，虽然在这些方面做得还不够，但至少已经在这么做了。

假如我们能赋予“工作”更丰富的含义，使职场环境不对员工的身心健康造成负面影响，那么对于雇主和社会而言，医疗费用就会更低，工作效率和经营绩效就会更佳。虽然有生理或心理疾病的员工很难在工作中发挥出自己的最佳状态，是一个常识性的观点，我在本书第 2 章也检视了相关数据、证据和案例，结论与这一观点相符，但我们不应搞错了因果关系。如果我们能改变职场行为和环境，缓解工作压力，员工的工作表现就会更好，而雇主也不会伤害甚至“杀害”自己的员工，员工也不必“为赚钱而死”。

很多有害的职场因素会增大员工的压力，并对他们的健康造成负面影响，对此，我尚未在书中一一列出。正因为如此，我认为自己肯定低估了企业所营造的有害工作环境的恶劣程度，以及它们所导致的在经济、健康和生产效率方面的代价。

我可以举一个例子，来说明之前没多提但又很重要的职场因素——职场欺凌。辱骂、欺凌等行为在职场中相当常见，也是一种普遍存在的压力因素，会让员工产生心理和生理问题。[1] 一项以在英国国家医疗服务体系（National Health Service）工作的护士为调查对象的研究发现，44% 的护士在过去 12 个月遭遇过欺凌，[2] 而对超过 1 100 人所做的另一项调查表明，超过 50% 的受试者曾在职场遭遇过欺凌。[3] 欺凌对员工的福祉有着重大的负面影响。比如，遭遇过欺凌的护士有着更高的焦虑和抑郁水平。[4] 对芬兰超过 5 400 个医院员工为期两年的定群追踪研究表明，即使调整了年龄、性别、收入等因素，受欺凌员工患心血管疾病的概率依然是未受欺凌员工的 2 倍，出现抑郁症状的概率是后者的 4 倍。[5] 尽管来自上司或同事的辱骂有时被视为不受组织控制的个人行为，但组织及其领导者可以决定是否容忍这种行为，这是我的同事罗伯特·萨顿（Robert Sutton）在其著作《不混蛋的规则》（*The No Asshole Rule*）中表达的鲜明态度。[6]

此外，我们不妨再思考一下企业对女性、少数族裔和其他群体的歧视所造成的负面影响，这种歧视不仅会影响这些人的就业前景和财务安全感，还会影响他们对职场环境的掌控感，并由此影响他们的压力水平。对 215 名墨西哥裔成年人的研究发现，受歧视与抑郁和更糟糕的健康状况有关。[7] 对亚特兰大 197 名非裔美国人的研究支持了如下观点：在职场中，基于种族的歧视现象与被歧视者患高血压有关，因为数据表明，被歧视者的收缩压和舒张压读数都偏高。[8] 对 134 个样本的元分析表明，“受歧视对心理和生理健康有着极大的负面影响”。[9]

职场安全和物理环境问题同样不容忽视，温度、光线、噪声等因素都会影响健康，[10] 并且都是与工作安全和健康有关的监管政策的早期关注因素。比如，对汽车工厂 374 名工人的研究发现，戴上听力保护耳罩能减少噪声对血压和心率的负面影响。[11]

一个简单的事实是，对员工而言，办公环境是非常重要的。一项长期研究考察了办公环境对健康的影响——可以参见《职业健康心理学期刊》和

《职业与环境医学期刊》上的文章，以及发表在很多医学和公共健康期刊上的诸多文章。然而，管理研究文献、组织中的领导者和公共政策制定者极少关注职场环境的影响。当一项调查询问受访者，他们的雇主采取了哪些措施来缓解职场压力时，有 66% 的人回答说，“什么都没做”。[12]

解决方案

有些公司已经主动将员工健康和福祉作为其竞争策略、企业文化和价值观的一部分，但还是有很多机构在做那些会让员工付出生命代价或者让员工在心理和生理上遭受痛苦的决策。尽管有大量的病理学文献提到了有害的职场行为对健康和医疗费用的负面影响，但政策制定者还是对之视若无睹，在很多情况下，它们甚至没能引起组织领导者的注意。**如果我们想要减少这些决策及其后果让社会和企业所付出的代价，消除企业有害管理行为所造成的不必要的死亡事件，我们有 5 件事情要做。**

第一，我们需要测量健康和福祉水平，就像我们会定期测量环境污染及其后果一样。

第二，我们可以将那些做出有害行为的人和企业称为“社会污染者”，并将其曝光，就像我们会曝光污染了环境的企业。我们要用公开警告和社会压力来让企业营造更健康的职场环境，同时尽可能地褒扬那些鼓励员工在职场上获得全面福祉的企业。

第三，我们要想办法测量管理决策的真实成本和后果。这意味着企业要为它们在对待员工健康方面的所作所为付出代价，而这些代价如今很大程度上被转移给了外部，由社会在承担。

第四，我们必须意识到所谓的权衡是一种借口，是没有根据的。事实上，大多数企业根本不需要在促进员工健康和提升经营利润之间寻求平衡。正如我们在本书中所看到的，促进员工健康和福利的做法，总是能够提升组织效率和利润率，有时这种提升甚至非常显著。正因为如此，降低医疗费用和改善员工健康与提升组织绩效这两个目标，是完全可以兼容的。

最后，我们必须坚持，企业的领导者和制定政策的公共部门应该将员工的可持续发展作为优先目标，禁止企业以提振经济效益的名义牺牲它，也不允许企业以提高股东回报的名义忽视它，无论这么做的社会成本有多高。作为文明社会，应该就企业对员工的所作所为做出一些限制性规定。毕竟，如今人们不会仅仅出于利润最大化的考量，就认同公司推行奴隶制或者招聘童工。正如我们无法接受企业污染生态环境，我们也应该通过行政监管和社会舆论禁止企业“污染职场环境”，制造“社会污染物”。简而言之，人类某些方面的福祉应该被视为神圣不可侵犯的，我将依次分析这些建议。

测量员工的健康与福祉水平

在研究过程中，我发现绝大多数企业对如何衡量员工健康和福祉水平，几乎没有系统性的关注。这一发现让我深受启发。为员工提供了医保的大型企业，确实经常从它们的医保管理者那里获得与理赔有关的信息，但这些信息没有告知企业，那些需要寻求医疗服务或者开处方药的员工到底经历了什么。有些企业，如巴塔哥尼亚，将员工离职率作为判断管理者发现问题或者留住人才的能力的依据。巴塔哥尼亚和其他企业还通过与离职员工面谈，来发现企业的员工福祉问题。有些企业如贝瑞-威米勒、达维塔、巴塔哥尼亚，会根据公司的价值观，以正式或非正式的方式测量员工的健康与福祉水平。还有很多企业会测量员工投入度和工作满意度。几乎没有企业会忽视诸如招聘网站“玻璃门”之类的专业机构在线上发布的企业职场环境指数。企业的人力资源管理者会负责确保公司有健康的企业文化，有一个能吸引和留住优秀人才的工作环境，他们会花时间与员工交流，关心员工的工作和生活是否平衡，工作时间是否过长，以及员工表现是否够好等。因此，企业并非对员工一点儿都不关心。至少在有些企业，员工的健康和福祉得到了极大的关注。问题在于，企业没有太多相关的系统性的数据可用。

人们通常只关心已经测量的数据，忽视还没有测量的数据。俗话说得好，你无法掌握计算之外的事。所以，如果我们真的想改善职场环境，增进员工的健康和福祉，我们就需要测量。

好消息在于：如今我们可以使用的测量方法有很多。尽管有不少方法不管用，但还是有一些方法的有效性和可靠性已经得到了研究的证实。我们只需耗费极小的成本或精力，就能测量出员工的健康和福祉水平，以及职场环境的各种因素对健康和福祉的影响。

员工的健康至关重要，因为它是社会系统运转水平的衡量依据，也会产生相应的经济后果。让我们先从单一的测量方法开始吧。这种方法就是健康状况的自我评估："你如何评价自己的总体健康状况？"答案可以是"极好、很好、好、还行、糟糕"，或者"很好、好、还行、糟糕、非常糟糕"。这一单一测量指标有极强的可靠性和预测价值。

1971 年，加拿大曼尼托巴省的研究人员对 3 128 名老年人展开了一项长期研究，该研究既使用了健康自我评价法，也使用了客观指标，比如，医疗服务使用频次、医生诊断的健康状况。然后，该研究对受试者进行了持续跟踪，记录了接下来 6 年中的死亡事件及其日期。那些自认为健康状况糟糕的受试者的死亡率，是那些自认为自己的健康状况极好的受试者的将近 3 倍。此外，相比客观的健康指标，自我评价的健康状况在死亡率和离死亡有多远方面，是更好的预测指标。[13] 一项对芬兰超过 2 800 名受试者的研究发现，受试者的健康自我评价在一年内是稳定的也是可靠的，并且对如下情况也是有效的：它能前瞻性地预测未来一年内受试者看医生频次，以及预测未来十年内受试者对自身健康状况和死亡风险的自我评价。[14] 另一项针对 70 万人的研究发现，自认为健康状况还行或者糟糕的人，接下来面临死亡的风险高出了 2 倍，而这种测量方法对于不同性别和所有族群都适用，具有预测价值。[15] 此外，相关研究已经开始了解相关机制，即为什么健康自我评价对于预测死亡风险如此有效。[16]

其他研究已经显示，自我评价的健康状况能够预测因病缺岗的发生状况。[17] 还有其他研究显示，健康自我评价法可以有效预测各种亚种群，如美国原住民、太平洋岛民、西班牙裔 [18] 和低收入人群 [19] 未来的死亡风险。有好多国家的学者都研究过健康自我评价法的预测价值。对 20 多项研究的元分析表明，自我评价的健康状况与包括死亡率在内的健康后果有关，这又得出了进一步的结论，即“在几乎所有研究中，自我评价的健康状况都是一个独立的预测死亡率的指标，虽然还有很多其他健康状况指标和已知的相关变量能够预测死亡率”。[20]

经合组织使用全国性的健康自我评价调查，作为对一个国家的国民健康状况的评价指标。[21] 在很多情况下，经合组织用于评价国民健康状况的健康评价指标在经过修正后，可以被用于规模更小的人群，比如，企业中的员工。

对福祉的衡量稍微复杂些，但仍有可操作性。相比评估身体健康，有更多的指标可以评估人们在职场的福祉和心理健康。当然，不同于自我评价健康状况时只需回答一个问题，这些指标需要受试者回答更多问题。[43] 尽管如此，在评估职场福祉方面，相关研究文献十分丰富，也有很多可靠的测量方法能以可预测的方式将员工福祉与重要的职场现象联系起来，如测量员工流失率。

即便难以面面俱到，也有很多影响健康的职场环境因素已经得到了评估。就工作时长而言，只需问人们每星期工作多少小时，加班的频次如何，是否在晚上或周末工作，是否需要轮班。关于获得医疗服务的情况，可以通过提问来了解，比如他们是否不得不推迟看医生，是否不得不推迟接受某些受到推荐的医疗服务，或者出于费用考虑不得不推迟开药。关于职场压力[22]、工作与家庭冲突[23]和工作掌控感（包括决策权和自主权的范围），我们都已经有很好的评估方法。财务不安全感可以用生态学的方法来评估，如当地的失业率，也可以用单独的指标来评价，如失业、同事失业以及对在不久的将来可能会失业的自我感觉。[24]

组织心理学、产业心理学和职业心理学已经发展出很多评估职场环境的方法，企业应该使用这些方法来评估职场环境的健康程度，并持续跟踪在企业采取这些改善员工健康和福祉的干预措施后，企业职场环境与员工健康状况所带来的变化。

曝光“社会污染者”

一旦我们有了衡量健康和不健康职场环境的方法，公开测量数据就有意义了。在应对更一般的环境污染和可持续性问题上，一个重要的设想是，曝光污染者会使得那些污染者减少自己的污染行为，从而在员工、客户和供应商面前维护自己的品牌形象。此外，将那些对环境最友好的企业或者“绿色”企业公之于众，会鼓励其他企业效仿，以获得类似的认同。

比如，加拿大政府不仅允许公众获得哪些企业和组织污染了环境的信息，还将这些信息放在网络数据库中，供人们搜索。与此类似，《职场母亲》（*Working Mother*）杂志[25]推出了与工作和家庭冲突有关的企业评选活动和评选榜单；位于巴塞罗那的 IESE 商学院运营的“工作与家庭国际中心”（the International Center for Work and Family），专门用来鼓励企业执行相关政策，让实现工作与家庭之间的平衡变得更容易。一方面奖励先进，另一方面曝光劣行，这种做法会激励企业及其本来就极具好胜心的领导者做得更好。我们有理由相信，这样的努力在促进员工身心健康方面同样会获得成功。谁想被列入最不健康的工作场所名单呢？相反，大多数企业都希望在促进员工福祉方面得到社会认同。

在曝光职场行为劣迹斑斑的企业方面，存在两个问题。一是很多提供评价和排名的机构本身就是商业主体，它们的客户就是那些被评价和排名的企业。比如，盈利性机构最佳雇主学会（Great Place to Work Institute）就面向企业提供咨询服务，而它们会把这些企业列入最佳工作场所榜单。“玻璃门”曾经是一家在线招聘网站，既为求职者提供企业和首席执行官排名，也为它们所评价的企业提供招聘服务。它还面临一个更严重的问题：网友会自发在网站上发表评论，就像知名的商户点评网站 Yelp 和猫途鹰的用户会在网站发表评论一样。这意味着“玻璃门”跟其他网站一样，必须使用算法来防止有人钻空子，而不公开算法的细节。但盖洛普就是一个例外，它使用随机样本对职场环境提供客观而无偏见的评价，并且盖洛普从不单独为一家公司提供评价。

二是政府可以收集企业排放的客观数据，企业的能耗和资源循环使用情况也能得到客观评价，但与环境污染的情况不同，很少有“独立”机构收集与员工的健康和福祉有关的信息。很大程度上，与职场环境有关的评价数据是由企业主动提供的，企业可以决定参加还是不参加某个“最佳职场”评选活动，这使得评价可能有失偏颇，而且数据可能不准确。

不过，这些难题并非不可解决。成立于 2011 年的可持续会计准则委员会（the Sustainability Accounting Standards Board）已经提出客观的、可审计的标准，使得企业能够向投资者报告与物理环境、社会影响力和治理水平有关的情况。遗憾的是，该委员会很大程度上忽视了员工的可持续发展，而只强调企业对物理环境的影响。不过，如果人们真的对企业如何影响员工的寿命和死亡风险感兴趣，该委员会提供的这套评价模型也可以用于评价企业的职场环境。与此同时，诸如最受职场妈妈欢迎或者最受家人欢迎的最佳工作场所之类的榜单即使不完善，也好过没有这样的榜单来曝光最佳和最差职场环境。

防止医疗成本转嫁

我们需要政策来降低大量被外部化的成本，从而使得各方都能做出更有品质的决策。举例而言，我将我的垃圾扔在邻居家门口，这种做法是不道德的，在经济上也是低效的，尽管以如此低成本方式处置我的垃圾，似乎会让我受益，也会让我获得经济上的好处。由于我不仅将成本转嫁给了他人（外部化），还降低了我自己的经济成本，我就很少有或者没有动力高效地使用资源，以减少我所产生的垃圾数量，或者没有动力设法更有效地处置垃圾。由于垃圾处理成本几乎为零，所以人们就会过度制造垃圾，也会对如何做好垃圾管理漠不关心。

经济学家和相关学者已经充分意识到，市场和市场定价是确保高效分配和利用资源的有效机制。但市场定价只在一定程度上有效，即当价格反映了所有可能的信息和真实成本时。扭曲的价格产生了扭曲的动机，从而产生了扭曲的、低效的决策。

就医疗费用的情况而言，将私人成本转嫁给社会，这一外部化问题绝不是捕风捉影。比如，没有为员工提供医保福利的企业实际上是在让员工自己照顾自己，而这些员工通常收入很低，且从来就没有医保。当没有医保的员工生病时，他们就会去医院的急诊室看病，但对于初步诊疗而言，在急诊室看病的性价比是相当低的。此外，当这些人抵达急诊室时，他们的健康状况通常已经恶化到了治疗难度更大、治疗费用更高的程度，而如果能早一点诊断和采取干预措施，就不至于出现这种情况。当医疗机构不得不提供保险不能覆盖的医疗服务时，相关成本就落在了医疗机构身上。然后，这些机构要么对加入了医保体系的雇主和雇员提高价格，以覆盖成本，要么寻求公共资金的支持，用于覆盖为没有医保的人提供医疗服务而产生的费用。在这两种情况下，医疗费用不仅要由雇主来承担——尽管雇主已经将部分医保义务转嫁给了员工，还要由整个社会来承担。比如，2005 年，由“美国家庭”协会（Families USA）所做的一项研究估算出，“由于存在未补偿的医疗费用，对个人而言，年平均保费多交了 341 美元；对家庭而言，年平均保费多交了 922 美元”。[26]

与此类似，员工一旦被裁，就不再是企业尽义务的对象，而成为整个社会尽义务的对象。此外，低收入人群可能不得不依靠公共救助，因此，虽然雇主能从少支付薪水和减少医疗费用中受益，但整个社会不得不支付更多，以支持就业人口。医疗费用和其他雇佣成本的转嫁程度很难估算，但研究表明，转嫁力度是很大的。加州的一项研究估计，2002 年，有 200 万个工薪家庭（家里至少有一人有工作）获得了各种形式的公共资助，这让州政府支出了大约 100 亿美元。此外，接受过由“医疗白卡”① 付费的医疗服务的家庭

① 美国政府规划的医疗保险计划，称为“Medi-Cal”，从联邦政府和州政府的税收中提拨经费，专门为符合条件的收入和资源有限的儿童及成年人支付医疗费用，是维护弱势族群健康品质的社会福利计划。——译者注

中，有将近 46% 是工薪家庭。[27] 联邦政府和州政府为了提供这项医疗资助，每年相关费用支出超过了 57 亿美元。[28] 还有研究显示，联邦政府和州政府税收支付的医疗资助项目所覆盖的对象，并非限于受雇于小企业的职场家庭成员，而人们通常只以为小企业更难承担医保费用，却忽略了中大型企业员工也可能面临医保缺失问题。数据显示，大约有 70 万个获得“医疗白卡”的人，其所在公司或者家属所在公司的规模超过了 1 000 人，还有 44 万人在规模介于 100 人到 1 000 人之间的企业工作。[29]

美国雇佣人数最多的私营企业沃尔玛已经受到很多研究人员的关注，因为与其他大型零售商相比，它付给员工的薪酬更低，员工医保覆盖比例也更低。由于公司相关诉讼很多，研究人员能够得到大量信息。简而言之，“与其他批发或零售商相比，沃尔玛在每位正式员工身上少交了 38% 的医保费”，“比起加州其他大型零售商，沃尔玛医保计划的员工覆盖比例更低，只有 48% ～ 61%”。[30] 毫不奇怪的是，根据沃尔玛自己提供的数据，“24% 的员工以及 46% 的员工子女要么没有医保，要么只加入了公共医保计划”。[31] 这一数字高于其他具有可比性的大型零售商。值得注意的是，零售商员工的收入低于私企员工的平均水平，他们更有可能从事兼职工作，因此与大多数员工相比处于相对劣势，这使得将沃尔玛与其他大型零售商进行比较就显得尤为重要了。

佐治亚州公布了不同类型雇主的员工加入医疗补助计划的相关数据：“2003 年，在 16.6 万个加入州‘儿童医保计划’的儿童中，有 1 万个儿童来自沃尔玛员工的家庭。”使用沃尔玛在医保费用和员工医保覆盖比例方面的数据，加州大学伯克利分校劳动力研究中心主任肯 · 雅各布斯（Ken Jacobs）估计，“每年沃尔玛为员工及其子女支付的医保费用为 4.55 亿美元”，“但沃尔玛员工每年有 2.2 亿医疗费用不在医保范围内，可见其被转嫁给了社会和其他企业”。[32]

沃尔玛的例子以及来自多个渠道、多种方法和多个区域的证据都表明，由医疗服务以及雇佣关系中员工工资过低等其他因素所造成的医疗成本外部化问题，即私人企业将医疗成本转嫁给普通大众和社会，会让人们依赖公共资助，从而引发严重的后果。

尽管在医疗服务方面出现了成本转嫁现象，但失业保险制度和员工补偿保险制度已经有了应对政策，削弱了企业将其与员工有关的决策成本完全外部化的可能性，同时，这些政策还鼓励企业成为更负责任的雇主。就这两个制度而言，雇主为每个员工向州政府和商业保险公司支付的保费，要根据企业以往执行医保政策的情况进行调整。

就像其他保险制度如汽车保险，基于车主过往理赔经历的车保政策可以鼓励车主避免发生事故和被处以罚单，雇主为员工支付的医保费用也要根据雇主过往的保险理赔记录做出调整。在职场生病或伤亡的员工人数越多，理赔金额越大，雇主为员工支付的保费就越多。这种基于过往赔付成本的保险政策让雇主有经济动机营造一个更健康的工作环境，从而节省保费。

失业保险费率通常也会反映雇主过往解雇或裁员的经历，这些员工虽然失去了工作，但仍在享受保险福利。结果，那些过往裁员人数更多的雇主虽然因为裁员节省了薪水开支，却要支付更高的失业保险费给政府，从而至少能够补偿因裁员而加在政府身上的成本。

至于员工的身心健康，除非雇主真正承担了与员工健康有关的成本，否则他们既没有数据也没有动力在保证员工福祉方面做得更好。

跟美国所有城市一样，旧金山有一些企业的员工是没有医保的。旧金山有很多医疗诊所，有政府卫生部门，也有公立医院如旧金山综合医院，该医院可以为没有保险的人提供医疗服务，医疗费用由纳税人买单。2007 年，时任市长加文·纽瑟姆（Gavin Newsom）和旧金山议会通过了《旧金山健康法案》。该法案要求雇主为每个员工每工时支付至少 1.37 美元的医保费，企业可以采用以下三种方式中的一种来执行：为员工购买商业健康险；把保费交给旧金山卫生部门；为居住在市外的员工报销在市内接受所有医疗服务的医疗费用。当然，如果员工收入很高，可以不参与这一计划。"《医疗保障条例》要求，员工人数超过 20 的营利性企业和员工人数超过 50 的非营利组织，每年至少为全职员工支付 2 849 美元医疗费用。对规模更大的企业，该费用为 4 285 美元。"[33]

当该计划正式实施时，人们的欢呼声震耳欲聋。金门餐饮业协会是旧金山诸多行业协会之一，行业协会通常能够预测行业兴衰。该餐饮业协会认为，由于薪酬成本增加，餐饮企业会离开旧金山，同时吸引其他餐饮企业来旧金山开店也会变得更难，这套医保制度行不通。然而，这种悲观的预测并没成为现实。旧金山餐饮业依然兴旺，就业人数持续增长。事实上，该计划实施后，旧金山没有医保的人口比例降到了 3%，"大幅减少了计划参与者因为常规治疗而对急诊室的使用频次"，从而节省了费用。[34] 有些餐厅在顾客账单上单独增加了一行，显示员工成本提高对用餐价格的影响；有些则是直接提高了菜价，没显示员工成本的增加。同时，Twitter 之类的高科技公司一直将办公室放在城里，而旧金山的商业氛围依然活跃。最重要的是，雇主无法再将自己的医疗成本转嫁给公众了。

成本转嫁不仅本质上就是不公平的，还会增加整个医疗系统的成本。这是因为由于没有医保，很多人会推迟治疗，当人们最终来到医疗服务机构看病时，其医疗费用通常会更多，因为他们错过了早期干预疾病或者阻止疾病恶化的机会，导致病情恶化了。在旧金山，"'以前我们可以听到很多人表示，自己在旧金山居住了一辈子，却从未获得医疗服务'，旧金山综合医院家庭健康中心的医学主任哈里·汉默尔博士（Dr. Hali Hammer）说道。人们来医院的时候，已经患上糖尿病、高血压甚至晚期癌症了。有些女性从未做过子宫颈抹片检查"。[35] 这就是早期干预至关重要的原因，因此，要提倡更健康的生活方式，营造更健康的工作环境。让人们更早接受治疗可以节省费用，减少住院次数，减少待在高成本治疗环境中的天数。减少或消除成本转嫁不仅能促使企业对其职场决策后果承担更多责任，促进公平，而且能降低总成本。

社会要为医保问题处理不当付出代价，同样也要为其他有害的职场行为付出代价。如果不需要支付裁员成本，不需要为裁员的负面健康影响付出代价，企业会裁掉更多员工，甚至超过本应该裁掉的人数。如果因为工作过于劳累而无法坚持的员工离开企业或者不再具备劳动能力，企业却无须为此付出代价，那么这种代价就会由社会来承担。这样一来，企业就没有动力限制工作时长，让职场环境变得更友好。这种将由不健康的职场环境所导致的私人成本社会化或外部化的做法虽然是一个严重的问题，但并非不可解决。如果企业必须承担它们对待员工的方式所产生的成本，它们就会基于决策的真实成本和收益做出更好的关于职场行为的决策。

健康与利润之间不存在权衡问题

正如我们在整本书中看到的例子以及系统性的研究回顾所表明的，企业关注员工健康这一做法，并不总意味着会牺牲工作效率、品质或利润。**事实上，工作环境更健康的企业通常更赚钱，更有效率**。身体健康的员工不仅工作效率更高、缺勤率更低，而且给雇主造成的医保或医疗成本也更低。

这里仅举一例。让我们看看沃尔玛的例子。众所周知，一直以来沃尔玛在为员工提供医疗福利方面是很吝啬的，同时公司还会裁员，进一步增加员工的财务不安全感。相比其他零售商，沃尔玛付给员工的薪水也相对较低。《彭博商业周刊》报道称，2008—2013 年间，沃尔玛在美国新开了 455 家店，规模增长了 13%，与此同时美国员工人数减少了 2 万人，占公司总员工数的 1.4%。结果如何呢？连续 6 年，在美国消费者满意度排行榜上，沃尔玛在所有折扣商店和百货商店中要么排最后，要么接近最后。由于单店平均员工人数从 2008 年的 343 人降到了 2013 年的 301 人，人手不足使得柜台排起了长队，同时，也没有足够的员工去补充货架。[36] 沃尔玛的单店销售额停滞不前。

麻省理工学院管理学教授泽伊内普·托恩（Zeynep Ton）认为，更高的薪水能够增加员工的财务安全感，吸引更优秀的人才，降低成本高昂的员工流失率，从而真正造福企业。[37] 沃尔玛的直接竞争对手“缺德舅”（Trader Joe’s）和好市多开出的薪水更高，提供的福利更好，包括医保，但人均销售额是沃尔玛的近两倍。所以，即便员工成本更高，这两家公司人均创造的利润仍高于沃尔玛。

然而，如果营造更健康的工作环境既有利于员工又有利于企业，为什么没有更多的企业这么做呢？简要来说，有这么几个原因：首先，企业并不总能知行合一，我和我的同事鲍勃·萨顿（Bob Sutton）把这种现象称为“知行鸿沟”。[38] 其次，传统观念的力量是很强大的，很少有企业想要冒“与众不同”的风险。几年前，我对这种悖论作了一番评论：只做每个人现在都在做的事情，却想获得超额回报，这是不可能发生的事。[39] 最后，存在时滞现象。为了从投资中获得回报，顾名思义，那肯定要先做投资。你不可能什么事都不做就能获得回报。其实，从改变管理行为以改善员工健康和福祉，到看到回报之间，并没有那么长的时滞。但在当今世界，对于上市公司而言，任何目标如果比原计划晚了 1 个季度或者 2 个季度实现，似乎都是不可接受的。获得回报的不确定和时间表让很多领导者更青睐于采取风险更小的举措，比如并购，但很少有并购会让企业受益；或者大幅削减成本。

然而，引导企业采取管理措施改善员工健康，显然是最节省成本的做法，这不仅能够减少由有害的雇主决策造成的数千亿美元损失，还能挽救很多人的生命。在预防和改善员工健康问题方面，企业比政府更有优势，因为企业既有相关数据也有相关动机来做这件事。具有讽刺意味的是，沃尔玛已经开始为员工提供医疗服务，不仅通过它的药房，还通过它的诊所，比如，注射流感疫苗，在店里采取其他预防性措施。毋庸置疑，沃尔玛和其他企业既能改进自己的管理行为，第一时间减少职场环境对员工健康造成的负面影响——这是让员工更健康的成本最低的做法，又能尽早发现员工健康问题，在这些问题的代价变得更高昂之前，及时干预和解决。

将员工健康放在首要位置

1993 年 3 月 3 日，我最喜欢的系列漫画之一是《呆伯特》(*Dilbert*)。在第一集，呆伯特的上司屡次提到很多公司一贯采用的宣传语："这句话我说了好多年，'员工是我们最有价值的资产'。"在第二集，上司承认他错了，说道："钱才是我们最有价值的资产，员工排第九。"在最后一集，员工沃利问道，什么东西排第八？上司回答说："碳式复写纸。"[40]

答案令人寒心，却很真实。在组织决策中，员工及其福利属于口惠而实不至。甚至那些被誉为注重员工健康的公司，也没能始终执行与营造健康职场环境相一致的政策。让我们看看安泰保险的例子。虽然安泰保险首席执行官是一位健身达人，公司也执行了鼓励冥想和促进健康的政策，但安泰保险几乎每年都会裁员，或者让员工提前退休。[41] 我们知道，裁员对健康有负面影响。此外，由于不断裁员，首席执行官马克·贝托里尼发现，"公司 5 万名员工中，可能只有不到 1 600 名员工为公司效力的时间超过了 20 年"。

企业通常面临盈利和股价上涨的压力，于是以员工为中心的政策就成了牺牲品，被视为实现这些目标的障碍。在首席执行官约翰·麦基（John Mackey）的领导下，全食超市公司强调包括关心团队成员福祉在内的价值观。据公司高管在旧金山湾区发表的演讲，2008 年经济衰退期间，公司只裁了不到 100 名员工。公司让员工拥有工作掌控感，依靠自我管理的团队来做决策，公司的晋升政策也让没有大学文凭的人有机会爬到公司高层。公司为员工提供了相当慷慨的福利，包括"以 8 折价格购买公司销售的商品，员工的医保缴费比例低，并且在重大福利问题上还享有投票权"。[42] 然而，当公司股价停滞不前时，全食公司受到对冲基金投资者“斥责”，最终被迫卖给了亚马逊。在交易宣布后的员工大会上，麦基，这位“有意识的资本主义运动”① 的领袖评论说，全食公司有点“太重视员工福利了”[43]，并谈到，每年公司将为此支付 3 亿美元。

然而，人们还是越来越认同，仅仅把国家层面上的 GDP 或人均 GDP、公司层面上的利润和股价作为绩效评价指标也许太过狭隘了，实际上还有很多其他指标可以评价社会系统的运转状况。在联合国的推动下，从 2012 年开始，我们每年都会看到《世界幸福指数报告》(World Happiness Report)。[44] 世界经济论坛包容性发展指数及其相应报告显示，有必要评估人们参与和受益于经济增长的程度，即人们在多大程度上共享了经济繁荣。经合组织美好生活指数（The OECD Better Life Index）于 2011 年发布，力图将得到全球认可的更多元的福祉衡量指标纳入进来，这些福祉维度包括住房、收入、工作、教育、环境质量、治理、健康、生活满意度、安全以及工作与生活的平衡。[45] 在公司层面，人们会谈论社会与环境的双成功，这是一种解释框架，试图超越诸如利润和投资回报之类的经济评价指标，将环境和社会层面的表现纳入进来。[46] 尽管很多人为拓宽绩效评价维度和指标做了大量努力和相关工作，其用意是好的，但几乎没有哪项其他指标将狭隘的经济考评指标置于舞台之外。有人曾在谈到风行一时的平衡记分卡运动时说：尽管有很多评价指标，但没有哪类指标能像利润和现金流那样主宰人们的关注度、主宰人们的决策。

① 企业家通过商业行为提升人类福祉的运动，强调人类福祉优先，而非利润优先。——译者注

但这种情况需要改变。一个人性的、文明的社会对人们的行为显然是有道德制约的，或者至少知道哪些行为是值得鼓励的。有些制约明确了雇主能对自己的员工做什么。比如，联合国章程明确规定奴隶制违法，即便实行奴隶制也许能显著降低劳动力成本，增加企业利润。联合国章程还禁止雇用童工，包括美国在内，几乎所有经合组织国家都有童工法。该项立法根本原因在于，在儿童身上投资对整个社会是有好处的，让儿童受教育而非让他们过早参加工作，有利于打造一个国家的人力资本。哪怕儿童自己想要工作，或者雇主想要雇用童工，禁止这种行为符合一个国家的共同利益。职场健康也与此类似。尽管不同的工种危险性不同，比如，开采煤矿就比当教授危险，但在文明国家，政府也会制定监管政策，以减少危险工作对员工的危害。我们重视并试图保护人们的生命，这是合情合理的。

社会心理学的相关研究表明，很大程度上，人们关于市场定价和市场交换的决策是受到限制的。正如宾夕法尼亚大学社会心理学家菲利普·泰洛克（Philip Tetlock）所总结的那样：

> 一方面，正如经济学家提醒我们的，我们生活在一个资源稀缺的世界，无论你喜欢还是不喜欢，我们获得每件事物都要付出或明或暗的代价……另一方面，社会观察者指出，人们常常坚信某些承诺和关系是神圣的，哪怕只是产生用它们来交换世俗的金钱或便利的念头，都是令人厌恶的。[47]

研究显示，人们对犯忌交易的回应方式是，净化自身，并且产生道德上的愤怒。[48] 当然，哪些东西被视为神圣的、不可交易的，取决于特定的历史阶段和特定的文化背景。然而，人们普遍认为，人类的生命是无价的，也是神圣的，所以人类的很多福祉是不可以在市场上交易的。为了获得金钱而出卖自己的身体器官，这种行为在大多数人眼里都荒谬至极，因为它践踏了人类的尊严。

因此之故，每年仅仅由于职场因素就造成 12 万条生命的死亡，这显然与人类基本的道德认知和价值观念不符，何况我们知道职场环境在某种程度上是可以改善的。抛开这些管理行为造成的医疗服务成本不论，为了组织的成本和效益而牺牲人们的生命，这种做法已然犯忌，不可接受。那么推而论之，人类健康和福祉就必然应该在与组织和公共政策有关的决策和讨论中扮演更重要的角色。

我们珍视什么

在本书中，我以各种方式反复强调，职场环境是可以改变的：是坚持恶劣的管理行为，营造让员工身心受损，甚至因此丧命的职场环境，并且在此过程中付出高昂的医疗成本，还是追求相反的结果，企业可以做出自己的选择。如果我们相信人类生命是至关重要且神圣的，那么我们就不应该忽视我在本书中提到的关于职场对健康之影响的诸多因素，也不该允许非正常死亡的情况继续发生。关于经济行为和经济发展对人类健康的影响，我们应该抱有极大的担忧，就像如今我们担忧濒危物种、空气和水污染一样。

同时，这也意味着，员工也可以做出不同的选择。人们可以决定自己在哪家企业工作，在做这类决策时，人们需要考虑雇主和职场环境对他们身心健康和预期寿命的影响。长时间工作、缺乏工作掌控感、工作与家庭发生冲突、缺乏应对压力的社会支持、裁员带来的不安全感、医保覆盖不足等职场现象绝非小事。正如几十年来的实证研究所充分证实的，这些现象真的会对员工的生命造成威胁。因此，我们在选择一份工作时，应该考虑自己所要面临的管理环境，而不仅仅考虑薪水多少以及这份工作是否有趣。毕竟，金钱带不来健康，也不能让死于有害的职场环境的人复生。

如果本书能激起相关分析和干预，从而促进人类健康，减少医疗成本，我会非常兴奋。如果它促成了更深入的讨论，如雇主如何改变其职场环境以减少相关损失，那我的研究努力就没有白费。如果它真的改变了政策争论的焦点，使政府注意到被长期忽视但又十分重要的员工健康和福祉相关问题，我和这本书很大程度上就实现了自己的目标。也许，只是也许，有人会因此过上更健康的生活，活得更长久。

当然，我深知这一努力将会遇到困难。至今，我仍能清晰地回忆起多年前与一位宗教机构负责人的对话，她加入了提供医疗服务和促进人类健康的行动中。

1999 年 7 月，她组织佛罗里达劳德代尔堡圣十字医院的董事在佛罗里达群岛的一个度假地休假，此行还有另一个目的，就是说服这些董事实现他们的首席执行官约翰 · 约翰逊（John Johnson）的夙愿，执行一系列高水准的工作准则。有天吃晚饭的时候，我坐在一位修女的右边，当时她负责天主教宗教机构“慈善修女会”的医疗服务运营，该机构是圣十字医院的资助者，而她是医院董事会成员。在交流中，我问她是如何在首都华盛顿特区的政治舞台上与有大量竞选捐款的保险公司和医药公司竞争的。我不知道她的名字，但我决不会忘记她的回答和我们的对话：

> “我告诉参议员或众议员，没有人知道去世时会发生什么，但有可能他们会遇到自己的造物主，并且受到祂的审判，他们应该考虑自己所做的决策对人们及人们福祉的后果。”
>
> “这番话有用吗？”我问。
>
> “杰弗瑞，我能叫你杰弗瑞吗？”她继续说道，“当我们选出来的众议员不得不在竞选资金与不朽的灵魂之间做选择，我很遗憾地说，大多数时候金钱会胜出。”

很多时候，组织领袖不得不做出类似的决定：在员工应该有什么样的职场环境、企业应该有怎样的管理行为方面，他们会赋予员工健康、生活和福祉多大的优先权，赋予金钱多大的优先权？我愿意相信，人类生命和福祉的重要性和神圣性会胜出。但我也看到了如下新闻：极为受人尊重的投资公司3G资本在促成了亨氏公司并购卡夫公司[49]之后，裁掉了1万名员工，占卡夫和亨氏全部员工的1/5。然而，这种做法在投资领域赢得了掌声，而非骂声。

当我想起很久以前在佛罗里达的那个晚上与那位修女的对话，我很想知道，那些蔑视人类福祉尤其是员工生命的企业领导者，死后的灵魂会有怎样的下场。但我那位晚餐伙伴却并不觉得奇怪，因为，她已然知道。

未来，属于终身学习者

我这辈子遇到的聪明人（来自各行各业的聪明人）没有不每天阅读的——没有，一个都没有。巴菲特读书之多，我读书之多，可能会让你感到吃惊。孩子们都笑话我。他们觉得我是一本长了两条腿的书。

——查理·芒格

互联网改变了信息连接的方式；指数型技术在迅速颠覆着现有的商业世界；人工智能已经开始抢占人类的工作岗位……

未来，到底需要什么样的人才？

改变命运唯一的策略是你要变成终身学习者。未来世界将不再需要单一的技能型人才，而是需要具备完善的知识结构、极强逻辑思考力和高感知力的复合型人才。优秀的人往往通过阅读建立足够强大的抽象思维能力，获得异于众人的思考和整合能力。未来，将属于终身学习者！而阅读必定和终身学习形影不离。

很多人读书，追求的是干货，寻求的是立刻行之有效的解决方案。其实这是一种留在舒适区的阅读方法。在这个充满不确定性的年代，答案不会简单地出现在书里，因为生活根本就没有标准确切的答案，你也不能期望过去的经验能解决未来的问题。

而真正的阅读，应该在书中与智者同行思考，借他们的视角看到世界的多元性，提出比答案更重要的好问题，在不确定的时代中领先起跑。

湛庐阅读 App：与最聪明的人共同进化

有人常常把成本支出的焦点放在书价上，把读完一本书当作阅读的终结。其实不然。

时间是读者付出的最大阅读成本

怎么读是读者面临的最大阅读障碍

“读书破万卷”不仅仅在“万”，更重要的是在“破”！

现在，我们构建了全新的“湛庐阅读”App。它将成为你“破万卷”的新居所。在这里：

- 不用考虑读什么，你可以便捷找到纸书、电子书、有声书和各种声音产品；
- 你可以学会怎么读，你将发现集泛读、通读、精读于一体的阅读解决方案；
- 你会与作者、译者、专家、推荐人和阅读教练相遇，他们是优质思想的发源地；
- 你会与优秀的读者和终身学习者为伍，他们对阅读和学习有着持久的热情和源源不绝的内驱力。

从单一到复合，从知道到精通，从理解到创造，湛庐希望建立一个“与最聪明的人共同进化”的社区，成为人类先进思想交汇的聚集地，与你共同迎接未来。

与此同时，我们希望能够重新定义你的学习场景，让你随时随地收获有内容、有价值的思想，通过阅读实现终身学习。这是我们的使命和价值。

Dying for a Paycheck：How Modern Management Harms Employee Health and Company Performance and What We Can Do About It

图书在版编目（CIP）数据

浙江省版权局
著作权合同登记号
图字:11-2021-214号

远见 2 /（美）杰弗瑞·菲佛（Jeffrey Pfeffer）著；王培译. -- 杭州：浙江教育出版社，2021.12
书名原文：Dying for a Paycheck
ISBN 978-7-5722-3033-2

Ⅰ.①远… Ⅱ.①杰… ②王… Ⅲ.①企业管理 ②职业选择 Ⅳ.①F272 ②C913.2

中国版本图书馆 CIP 数据核字（2021）第 266411 号

上架指导：畅销书 / 职场励志

远见2
YUANJIAN ER
［美］杰弗瑞·菲佛（Jeffrey Pfeffer）
王培　译

责任编辑：佘理阳
美术编辑：韩　波
封面设计：ablackcover.com
责任校对：刘晋苏
责任印务：陈　沁
出版发行：浙江教育出版社（杭州市天目山路 40 号　电话：0571-85170300-80928）
印　　刷：天津中印联印务有限公司
开　　本：710mm ×965mm　1/16　　成品尺寸：170mm ×230mm
印　　张：16　　字　　数：201 千字
版　　次：2021 年 12 月第 1 版　　印　　次：2021 年 12 月第 1 次印刷
书　　号：ISBN 978-7-5722-3033-2　　定　　价：99.90 元

如发现印装质量问题，影响阅读，请致电 010-56676359 联系调换。